Històries de l'esport.

Més enllà dels rècords

Cèsar Sànchez

Eugeni Junyent

Jordi Bonvehí

Setembre 2018

Històries de l'esport. Més enllà dels rècords

1ª edició: Setembre de 2018
2ª edició: Maig de 2021

ISBN: 978-84-948548-9-7 (imatges de l'interior en blanc i negre)

Altres formats: ISBN: 978-84-948548-7-3 (imatges de l'interior a color)

"La religió és l'opi del poble"
Karl Marx

"El futbol és una droga social"
Paul Preston

"Si tingués un revolver dispararia contra vostès!"
Juan Jacob Calvo, professor de la Universitat de Barcelona

"Correré com un negre per viure com un blanc"
Samuel Eto'o

Dedicatòria

A la meva muller i fills.
Al Luís del Barrio, per haver-me portat amb el seu "127"
a jugar a escacs per tot arreu.
Present, futur i passat.

Cèsar

A totes les persones que han fet possible aquest llibre
i no han desistit.

Jordi

Als pares, per tantes coses des d'aquell 4 d'agost…
A la Mònica, per la paciència en la llarga ruta de la
Mediterrània Antiga

Eugeni

Índex

Record al Sergi Mingote

En plena revisió d'aquesta segona edició del llibre vam conèixer, astorats, la pèrdua d'en Sergi al K2. Precisament, a la muntanya que il·lustra el pròleg que ens va fer l'honor d'escriure l'estiu del 2018 i del que sempre n'hem estat orgullosos. Aquestes línies, que hem llegit una vegada i una altra, esdevenen un manual de passió per l'esport i de filosofia vital.

Li estarem sempre agraïts, i el seu record, i el de tot allò que representa, no ens deixarà mai.

Gràcies, Sergi.

Cèsar, Jordi i Eugeni

Febrer 2021

Pròleg

Sergi Mingote. De fons, el K2.

L'esport és vida!

Personalment no entendria la vida, la meva vida, sense l'esport.

L'he practicat, l'he gaudit i l'he viscut des de ben petit, a casa, aprenent tots els valors que acompanyen la pràctica esportiva:

superació, lluita, sacrifici, rutina, equip, reptes, crono, roba, aire lliure, natura...

Permeteu-me que a aquells que no el practiquin de forma habitual els animi a fer de l'esport un altre company de viatge en el seu dia a dia, de la seva vida.

Quantes emocions, quantes sensacions!

Quan he necessitat reconciliar-me amb mi mateix o amb el meu entorn, l'esport ha estat la meva millor medicina.

Durant la meva etapa política m'ha ajudat a traslladar al terreny polític molts dels valors que m'han ajudat a mi i al meu equip i a la meva família.

L'esport, com la política, en la majoria de les ocasions no és cosa d'un. L'equip i el seu esforç seran determinants a l'hora d'aconseguir nous reptes i millors resultats. Això ho he pogut comprovar fa poques setmanes durant el meu doble ascens als gegants del Karakorum. El Broad Peak (8.047 metres) i el K2 (8.611 metres). Sense un equip seria impossible plantejar reptes com aquests.

Quants valors esportius li manquen a la política d'avui! Joc net, esforç, sacrifici, treball en equip i reptes conjunts... i podria seguir.

A base d'entrenaments i sacrifici els resultats sempre arriben.

A l'esport i a la política. A la vida.

Però no vull deixar de parlar dels grans beneficis de l'esport en totes les persones que el practiquen, especialment per aquelles que tenen una vida més difícil que la resta.

Una de les meves frases preferides és que l'esport és un dels millors instruments per treure a la llum les capacitats de les persones discapacitades.

Ara estic precisament en aquesta fase de la meva vida. En posar el meu gra de sorra per fer feliç a molta gent com jo ho soc mitjançant la pràctica esportiva.

No hi ha millor premi que el somriure d'una persona que aconsegueix allò que pensava que era impossible.

No hi ha res impossible, els límits estan als nostres caps i l'esport, com la vida, fan la resta.

Feu esport sempre que podeu i apreneu, compartiu i gaudiu dels seus valors. Jo ho estic aconseguint gràcies a Seguro tenint nous reptes, com el 3x2x8000 Solidary Project "New Record Guinness" amb el que volem aconseguir coronar sis muntanyes de mes de vuit mil metres, en tant sols 365 dies. Si es pot somiar, es pot aconseguir.

Gaudiu molt d'aquest llibre i quedeu-vos amb aquella paraula, frase, anècdota o dada que pugui anar completant el vostre currículum vital i esportiu.

No sé si la meva és una trajectòria brillant com a esportista.

Però sí que estic segur que no deixaré de fer el que faig mentre pugui ajudar a persones a les que els brillin els ulls quan han superat la seva pròpia meta, per humil que aquesta sigui.

La humilitat és un dels altres valors de l'esport que els polítics haurien de fer seus. I totes les persones. O no?

Bona lectura i visca l'esport i… la VIDA!

Sergi Mingote. Alpinista
Agost de 2018

Introducció

Definir què és un esport i què no és complicat, especialment en història. Només cal mirar els nous esports que van sorgint, com l'skateboard i el surf o les incomptables modalitats antigues d'esports i observar-ne la diversitat d'opinions. Fins i tot alguns esports consolidats són encara posats en dubte per alguna o altra característica, com per exemple els escacs o les bitlles, que encara són classificats com a "jocs". Els escacs, malgrat complir els requisits de puntuació, competició, necessitat d'entrenament o secularització, hi ha qui no ho considera un esport per la seva suposada manca d'activitat física muscular.

Però quina activitat física té un conductor de cotxes de curses? I un genet? No és el cavall, o el motor qui fa l'esforç, essent el mèrit final dels cuidadors dels cavalls i dels mecànics més que no pas dels pilots? És aquí que entra el component d'espectacle que encara es manté a l'esport, especialment difós gràcies als mitjans de comunicació de masses. El risc que corre un pilot a 300 quilòmetres per hora ven molt, però veure un equip de mecànics treballant en la millora d'una peça avorreix, més enllà de mesurar els segons que necessiten per canviar una roda. D'igual manera, les formes i protocols són encara importants, com per exemple, el vestit en el cas de l'hípica. És tan important la tradició que encara es puja al cavall per l'esquerra, i això és així des de l'època medieval perquè permetia pujar al cavall amb l'espasa al cinturó.

L'esport no deixa de ser un joc, una pràctica social que respon a la necessitat humana de divertir-se (jugar). Com a animals simbòlics que som, barregem festivitat i joc amb espectacle, i tots tres conceptes combinats són el que entenem per esport més enllà d'institucionalitzacions i normes. Per tant, quan van començar els esports? Segurament, quan el primer *homo* va agafar un pal i el va llançar cap amunt per veure com d'alt arribava. La primera norma vindria quan després que el pal li caigués al cap el primer cop, va decidir que seria millor apartar-se. I l'espectacle començà quan els seus congèneres, il·lustres avantpassats nostres, van decidir que allò feia molta gràcia, especialment si el pal li acabava picant a la testa igualment.

La definició actual de l'esport queda en mans, doncs, dels camps d'estudi de l'antropologia social i cultural. Es conserven restes arqueològiques i documentals de components que es poden relacionar amb activitats que avui consideraríem esports. Però és en realitat en època contemporània, quan es definirà l'esport tal com avui el coneixem. En èpoques més reculades, sempre s'ha de parlar d'altres interessos i preocupacions més enllà dels estrictament "esportius", és a dir, parlem d'esports igual que podem parlar d'economia sense mercat o de religió sense església. Marcel Mauss definiria l'esport com "el fet social total", el que implica, a més d'una gestualitat corporal, moltes altres connotacions culturals.

L'esport és una de les activitats socials i culturals més antigues i generalitzades de la humanitat. Com a activitat regulada amb normes fixes, destinada a la millora física o a la competició amb sistemes de puntuació, és una creació recent, d'època contemporània i de la societat industrialitzada. Però la pràctica de la majoria d'activitats relacionades s'han realitzat des de sempre, especialment per motius de supervivència, com córrer o caçar. En història, primer és la cosa i després el nom. L'aparició documentada del terme "deport" és al segle XI, a un poema de Guillem VII d'Aquitània, i va anar agafant significat fins al segle XVI amb el sentit d'activitat amb esforç físic, a partir de definir activitats d'entreteniment.

Cap al segle XV, també a Occitània, comença a aparèixer el terme evolucionat "esport" que gradualment anirà substituint el de "deport" amb el mateix significat. Seria en època contemporània que el terme "esport" s'imposaria, gràcies a la influència de l'anglès. Amb tot, encara a Catalunya podem trobar institucions que conserven la forma "deport", com el Reus, el Guíxols o l'Espanyol de Barcelona. L'ús del terme evolucionà com les pràctiques esportives, majoritàriament produïdes de forma espontània, pel que inicialment, en general definia qualsevol activitat física realitzada a l'aire lliure en general fins arribar al segle XX quan va passar a definir activitats competitives regulades.

Avui en dia estan en discussió, segons l'amplitud de les definicions dels termes, algunes de les característiques socials dels esports atenent a criteris no etnocèntrics. Com per exemple: com de secularitzada es podria considerar la pràctica esportiva, un dels trets que definirien l'esport contemporani, quan hi ha una religió la deïtat de la qual és Maradona i la seva icona n'és la pilota? Durant molts anys el Barça oferia els premis a la Mercè. Sants i santuaris han fet i fan de centre de pelegrinatge d'equips de tota mena, sense comptar que el comportament messiànic que exerceix la conjunció dels seguidors es pot comparar perfectament amb la d'un ritual religiós.

El que no admet dubte és la relació íntima entre política i esport. Es fa política amb l'esport, i bona part dels esports és política. Esport i política, van lligats des dels seus orígens, especialment en època contemporània. Com més tendeix a secularitzat-se l'esport, més ocupa aquest espai la política. Al llibre "La petita comunista que no somreia mai" (Anagrama, 2015), l'autora francesa Lola Lafón va posar en boca de Nadia Comaneci la sentència: "Tots els esportistes que guanyen són símbols polítics".

Als esdeveniments esportius hi assisteixen les grans oligarquies i mandataris, hi sonen himnes i exhibeixen banderes, es fa publicitat a les samarretes i s'hi llueixen escuts; les categories per edats venen determinades per lleis, així com les zones geogràfiques per categories. El nombre d'equips també són determinats per organismes sovint controlats, directament o indirecta, per dirigents amb clares simpaties i relacions polítiques.

L'ús polític de l'esport no és tan relacionat amb els casos escandalosos de compra d'un jugador o àrbitre per modificar els resultats de les apostes en un moment donat (que també n'hi ha), sinó que n'hi ha prou amb controlar el mercat que regula el traspàs de jugadors o els col·legis on es formen els àrbitres. La resta és una qüestió d'estadística. Evidentment, la pressió política és més intensa com més forta sigui la repercussió mediàtica de l'esdeveniment o l'esport.

Aquest llibre pretén ser una mostra de diversos esports a través de la història que mostrin fets polítics i socials concrets. Els textos han estat endreçats cronològicament pels fets principals que expliquen, tot i que la majoria d'ells són força transversals. Cada un dels cinc grans blocs conté una breu introducció a les característiques més importants del període històric, per passar a desenvolupar els textos independents que expliquen fets esportius situats al seu context.

El primer bloc tracta de quan apareix històricament l'esport, des d'època antiga, com a activitat ritual, de joc, de simple entreteniment i com a forma de controlar les masses per part de les primeres grans civilitzacions, però també com a forma de fer intercanvis i negocis o com a activitat privilegiada per a classes dirigents. El segon bloc, d'època moderna i medieval, recull el pas d'aquesta època clàssica a la contemporània d'alguns dels esports més coneguts actualment. Del tercer al cinquè bloc, el contemporani, podem trobar les històries que parlen de la formació de les normes al segle XIX i la polítització dels esports actuals durant el nazisme i la guerra freda.

Alguns dels textos són inèdits, i d'altres han estat adaptats o ampliats després de ser publicats de forma dispersa en format d'article a la revista esportiva digital *La Fosbury* pels creadors del web *Històries d'Europa*, així com al seu propi web.

Nota dels autors

Podeu visitar-nos i fer comentaris sobre el llibre al web historiesdeuropa.cat

L'esport en època antiga

Vista parcial de l'estadi panatenaic d'Atenes, del segle VIaC, restaurat a finals del segle XIX per a la celebració de les primeres olimpíades de l'era moderna l'any 1896, ja que allotjà les cerimònies d'obertura i cloenda. (Pixabay, CC0 Creative Commons)

En història antiga, es fa difícil distingir un esport del que era un simple joc o fins i tot, d'algun altre esdeveniment social. La religió sovint legitimava la pràctica que ara entenem com esportiva, com tants altres aspectes de les societats antigues. Al capdavall però, es tractava de justificar tota una forma de veure i entendre el món que es manifestava de forma festiva amb l'afegit de l'atzar en el resultat com a signe de predestinació.

Aquesta religiositat no treia l'existència d'altres elements en les manifestacions esportives, com l'orgull o el reconeixement de classe, les quals, tot i que potser legitimades per la religió, constituïen una base d'influència política. La separació en equips, la identificació d'aquests amb un determinat col·lectiu, o les conseqüències de vegades tràgiques segons els resultats, podien ser mostres perfectes d'aquesta influència antiga que de fet, podríem arribar a trobar fins als nostres dies. Davant un mal resultat, es "talla el cap" als perdedors o es destitueix un entrenador.

Un exemple d'activitat que ha estat considerada com a esport però que no ho era, són els jocs de pilota mesoamericans. Sovint han estat venuts com a avantpassats del bàsquet quan en realitat, eren més a prop d'una litúrgia cerimonial religiosa que no pas d'un partit de l'NBA. Hi ha tendència a buscar similituds i orígens, també sovint agafats amb pinces, dels nostres esports actuals a l'època clàssica, quan en la majoria de casos no hi ha un lligam de continuïtat clar.

A això, cal afegir-hi la manca de fonts i la seva fraccionalitat, que fa difícil conèixer les normes exactes dels jocs tant a la Grècia i Roma clàssiques com també durant l'edat mitjana, moment en què cal afegir la ruralització de la societat com un entrebanc més. Per suplir aquestes mancances, molts dels jocs clàssics han estat "complementats" amb normes considerades "lògiques", és a dir, inventades, per poder ser reproduïts en època contemporània. La lògica no sempre quadra, ja que els valors d'una societat canvien amb el temps. Per molt que geogràficament siguem al mateix indret, quan tractem èpoques tan distants amb valors totalment diferents dels actuals, el context és molt important.

La violència n'és un exemple. En l'actualitat, la majoria de normatives contemplen sancions si un jugador toca un rival. Fins i tot en aquells esports de contacte físic on els atletes s'estomaquen de valent, hi ha normes. I si es produeix una "agressió" (que a tot estirar pot arribar a un cop de peu o una bufa amb la mà oberta) les repercussions acostumen a ser, (salvant distàncies de tribunals corruptes, àrbitres amics o equips "amb endoll") severes encara que els "agredits", als cap de dos minuts, s'aixequin i corrin com si res. Podríem dir que en general, la violència a l'esport actual, al món occidental, no es tolera. Això és reflex d'un context social (el context és molt important) on la violència és la notícia, pel fet de ser una excepció. Si poguéssim transportar-nos a la Roma clàssica, segurament el primer que ens sorprendria d'aquests jocs mal anomenats esports, com per exemple l'Harpastum, seria la seva extrema violència.

No és fàcil saber quin va ser el primer esport de la humanitat. Entre altres raons, perquè bona part de les activitats que avui considerem així i per tant, lligades al lleure, són evolució de pràctiques que al llarg dels segles han estat simples tècniques d'adaptació o supervivència. Alguns estan relacionats amb les funcions més bàsiques com córrer, esquiar, saltar, escalar o nedar; d'altres, amb activitats humanes relacionades amb l'alimentació com caçar o pescar; i molts més tenen l'origen en activitats professionals i en la competència per saber qui és el millor en un determinat ofici. A mig camí de la supervivència i "l'activitat humana" també hi ha la guerra, raó de ser i del desenvolupament de molts dels esports actuals des d'època antiga, sobretot en els esports d'equip, on la importància de "la tàctica" és bàsica.

En general, la normativització de tasques pròpies dels exèrcits, és a dir, el fet d'establir-ne uns límits, les transformà en activitats socials que han anat evolucionant en disciplines ara olímpiques com el tir, tant en armes de foc com en arc, l'esgrima, el llançament de disc, la boxa, així com les curses de resistència tant en medi terrestre com en l'aigua. Moltes d'aquestes pràctiques encara constitueixen potencialment tant un programa d'entrenament esportiu com d'instrucció militar i en trobem els primers indicis a la Mediterrània oriental. Un exemple d'un esport descendent directe de la difusa barrera al món antic entre la cacera i la guerra és el llançament de javelina, al capdavall, ras i curt, el llançament d'una llança que, si bé inicialment era bàsica tenir una bona punteria (en cas contrari, no es menjava), en esdevenir un esport ha pres preeminència la potència, això és, llençar-la com més lluny millor.

Una altra discussió sobre el món antic és la del gènere. Quan es diu que a les olimpíades clàssiques (776-393 aC) no s'hi acceptaven dones, no s'està explicant tot el que es coneix. De fet, és una lectura molt parcial i interessada, plena de tòpics. Les dones a l'antiga Grècia no només participaven, sinó que tenien els seus propis jocs, dedicats a la deessa Hera, esposa de Zeus. Eren els jocs Herens o d'Heraia, que se celebraven, com els masculins, cada quatre anys i al mateix estadi d'Olímpia.

Això sí, tot i que es feien el mateix any i al mateix lloc, hi havia un marge de temps entre els jocs dels homes i els de les dones, de manera que normalment es celebraven cap al setembre. De fet, la separació entre sexes cal inserir-la en un origen ritual, més que no pas de masclisme, sense oblidar que la societat grega era masclista, i molt.

Els jocs de l'antiguitat tenien un clar component religiós, com tots els actes de la vida grega, i eren un esdeveniment de primer ordre que esdevenia una referència per al calendari fins al punt que era corrent parlar, per exemple, del segon any de l'onzena olimpíada. No cada dia hi havia proves atlètiques, sinó que hi havia jornades dedicades a actes de tipus religiós.

Donada l'evident gran importància dels jocs, hi assistia tothom. S'hi feien representacions teatrals i actes culturals, i els autors eren conscients que tindrien un gran públic. També s'hi lligaven aliances més mundanes entre ciutats estat gregues, i eren un lligam entre les colònies repartides per tota la Mediterrània, eren una excusa per relacionar-se i obrir mercats.

Repassant els esports d'època antiga observem que són paral·lels als fets socials i polítics. En la mesura que les diferents institucions s'assenten, els esports passen a institucionalitzar-se, a fixar normes i establir unes pautes més o menys respectades per una majoria. Com més desestructurada és una societat, més tendeix a l'atomització en les formes de practicar un esport, amb variants quasi infinites, fins i tot altament temporals o d'ocasió, especialment pel que fa a l'espai de joc o els elements necessaris per practicar-lo. Segons Blanchard i Cheska: "la forma de competir en els esports evidencia la complexitat d'una societat."

Així, trobem una primera fase de l'esport, en època clàssica legitimada per la religió i per tant, lligada a la mitologia, tot i que ja a les primeres civilitzacions de Mesopotàmia i Egipte també s'hi poden trobar mostres clares d'influència de l'àmbit militar.

Tots aquests elements conformen diferents xarxes de relacions (familiars, d'amistat, econòmiques, professionals, etc) que actuen com capes que es van sobreposant en funció dels interessos i de les circumstàncies o necessitats puntuals. Amb una interpretació ampla del terme "política", per tant, que s'ocupi la gestió d'allò que és públic, s'evidencia a través de l'esport l'existència d'una canalització de poder polític. Els esportistes, doncs, es van conformant com a classe, i per tant com a forma d'ascens social, especialment a partir de l'expansió dels models d'esport grec portat per les conquestes d'Alexandre Magne a bona part del món antic, i finalment pels romans.

Els orígens de l'esquí

La conservació del patrimoni

Autor: Eugeni Junyent

Als països on la neu és present bona part de l'any, esquiar ha estat una necessitat des de sempre no com a esport, sinó com a simple mitjà de desplaçament. I dir "des de sempre" és gairebé literal. Hi ha constància de la presència de l'esquí a la Rússia central ja al 7è mil·lenni aC, però a Europa, la seva entrada va tenir lloc pel nord. L'ús de planxes de fusta sota els peus arribà de la mà (millor dit, dels peus) de poble *sami.*

Els *sami* ocupaven el Lapland (Lapònia), al nord d'Escandinàvia, territoris de l'actual Noruega, Suècia, Finlàndia i Rússia. Tot i que la cronologia inicial del poble *sami* és incerta, la seva presència en regions de Finlàndia es remunta cap al 8.000 aC. Anomenats despectivament "lapons" (terme de significat pejoratiu), els *sami* tenen una llengua i una cultura pròpia. Avui viuen bàsicament entre Suècia i Noruega i disposen del seu parlament, després de patir-hi fortes persecucions i intents d'assimilació sobretot durant la primera meitat del segle XX.

El mot actual "esquí" prové del terme noruec "skiö", que es refereix als troncs llargs i prims i també té d'altres significats, tots relacionats amb estructures de fusta. Alguns estudiosos defensen que el mot *sami* "čuoigat", que expressa el verb "esquiar", té una antiguitat d'entre sis i vuit mil·lennis i l'historiador romà Tàcit, que visqué entre els segles I i II dC, parla en un dels seus textos d'una comunitat, els *fenni*, que ha estat identificada amb els *samis*.

Proves arqueològiques

Calc d'un gravat sobre fusta del segle XVII que mostra un caçador sami sobre esquís, amb l'arc penjat a l'esquena i emprant només un pal per a moure's (Wikiwand)

L'arqueologia ha donat evidències de l'activitat esquiadora dels sami de fa més de 6.000 anys. Els entorns congelats d'Escandinàvia boreal ocupats per aquest poble han permès la conservació de fins a 300 esquís de fusta, cosa que els confirma com els introductors d'aquesta pràctica a Europa. La majoria de les peces trobades daten del cinquè mil·lenni aC i bàsicament, són de dos tipus. Es diferencien per la manera de lligar el peu i també per la llargada. A les zones septentrionals eren més llargs i prims, i s'ajustaven al peu amb uns llaços. Els esquís anomenats "del sud" en canvi, es lligaven al turmell, enmig de dues peces elevades. Ambdues tipologies responien a diferents necessitats d'adaptació al medi, ja que els del sud de Finlàndia eren aptes per a neu pesada i abundant, i els del nord de Suècia facilitaven lliscar sobre neu compacta.

L'anomenat "esquí de Hoting", conservat al museu de l'esquí d'Estocolm, és considerat un dels més antics del món. També al nord de Suècia, en una zona pantanosa de Skellefteå, el 1929 s'hi trobaren dues peces excepcionals. Tot i que una es va malmetre en treure-la de l'entorn aquós i es va pràcticament desintegrar per l'acció de l'oxigen sobre la fusta, l'altra encara es conserva. És l'esquí anomenat Kalvträsk, que gràcies al carboni 14 es va datar en 5.200 anys d'antiguitat. L'estudi de les peces deixà clar que el propietari les havia reparat amb tendons i també presenten un rebaix a la part inferior per passar-hi les corretges per evitar el fregament.

Altres troballes, potser més espectaculars, són els gravats i pintures rupestres on s'hi veuen escenes d'esquiadors. Hi ha zones del nord d'Escandinàvia molt riques en aquests elements, com a Alta (Noruega) prop del cercle polar Àrtic, on hi ha milers de figures incises a la roca que daten de fa més de 4.000 anys. Una d'elles mostra una figura humana caçant un animal amb arc a la mà sobre esquís amb la punta aixecada.

Potser la peça més famosa, però, és la de Rodoy, a l'illa de Trom (Noruega), datada de fa 5.000 anys. Mostra una figura humana sobre esquís amb un pal a les mans, tot i que no és l'única. Hi ha d'altres exemples de gravats a la roca, com l'anomena Boloman, descoberta el 2001. És una figura d'uns dos metres de llargada que representa un individu sobre esquís. Com a element interessant, en aquest cas s'hi detallen els esquís ben lligats al peu.

Esquiar amb un sol pal?

Les diferents troballes arqueològiques porten a pensar que en aquests primers temps s'esquiava utilitzant un sol pal. Alguns artistes del segle XVII així ho plasmaren a les seves obres. Fa

Il·lustració d'Othar Holmboe d'inicis del segle XX que mostra un sami sobre esquís de fusta. (Nasjonalbiblioteket de Noruega) (Wikimedia, Nasjonalbiblioteket from Norway)

pensar que els esquís per als sami eren equivalents als cavalls per a les cultures del centre d'Europa. Constituïen un mitjà de transport ràpid i calien mans lliures per actuar sense treure'ls, com caçar o transportar material. Podríem dir que "vivien" sobre les fustes.

Els esquiadors de fa mil·lennis "remaven" doncs, amb un sol pal, prenent segurament el model de les canoes. Els desnivells de les àmplies zones on s'han trobat esquís no son pronunciats, de manera que propulsar-se d'aquesta manera no sembla gaire arriscat. El pal doncs facilitava el desplaçament en horitzontal, similar al que entenem avui per esquí nòrdic. No es comprendria la cultura *sami*, la seva activitat i el seu abast sense els esquís. No era només qüestió de desplaçament sinó que, sense la velocitat que els esquís permetien, no hagués estat possible la cacera de rens, vital per a la seva subsistència.

L'estació més antiga al Principat és La Molina. Va veure els primers descensos el 1908, i hi ha imatges dels primers esquiadors, amb esquís de fusta lligats als peus amb corretges.

Una desgràcia patrimonial

Tornant a l'esquiador de Rodoy, aquest era un dels jaciments arqueològics més importants de Noruega. No en va, es va prendre aquesta figura com a model dels pictogrames dels jocs olímpics d'hivern del 1994 a Lilehammer.

"Era" i ja no ho és, perquè la figura va ser greument malmesa durant l'agost del 2016. Aquesta acció recorda la "restauració" de pandereta de l'*Ecce Homo* del santuari de la Misericòrdia de Borja. El cas però és molt més greu, donada la importància de la peça malmesa. Totalment aliens al fet que l'art rupestre no és sempre fàcil de distingir, dos joves van considerar adient millorar-ne la visibilitat. Així, tal com informava la premsa local, es van dedicar a rascar amb un punxó tot el traç de la figura. No cal dir que el ratllat a consciència va destruir totalment la figura original. Un crim contra el patrimoni resultat de la "bona fe" que obre de nou el debat sobre la seva protecció.

Els primers "esportistes"

Origen a Orient

Autor: Eugeni Junyent

Cal cercar l'origen del concepte "esport" en activitats que ja eren considerades com un element de caire social en el moment en què se'n documenta la pràctica. I les primeres evidències són a l'Orient, al tercer mil·lenni aC. Una tauleta d'argila amb epigrafia cuneïforme trobada a Mesopotàmia esmenta l'existència de lluites cos a cos regides per unes normes. A partir, doncs, d'aquestes proves s'hauria d'afirmar que la lluita és l'esport més antic del món i sembla donar versemblança a la hipòtesi que inflar-se la cara els uns als altres ha estat un dels motors de la Humanitat.

També a cavall entre els mil·lennis III i II aC i a la Mediterrània oriental, el jaciment egipci de Beni Hassan exposa un destacat catàleg al fresc de postures i moviments en l'àmbit de la lluita. La seva excepcionalitat rau en les pintures que representen fins a dues-centes petites escenes amb dues figures humanes cadascuna. Una total uniformitat estètica entre elles i la disposició en diferents fileres horitzontals fan que, a ulls actuals, puguin gairebé ser els fotogrames d'una escena d'animació.

Pas a Europa, via Creta

Creta és un altre escenari dels orígens del que ara entenem com a esport. La civilització minoica es desenvolupà al sud de l'Egeu coincidint amb els mil·lennis III i II aC, concretament, entre el 2.700 i el 1.200 aC. La icona de la presència minoica són els anomenats palaus, ja que en aquest moment, l'urbanisme abandonà les muralles per a construir estructures obertes, residències per a governants sense la presència de fortificacions. I és als seus murs que han aparegut les primeres representacions d'alguna cosa molt semblant a l'actual boxa.

Al centre de l'illa de Thira, 150 quilòmetres al nord de Creta, les estances del jaciment d'Akrotiri, la Pompeia minoica, guardaven sota la cendra el que de seguida s'anomenà el fresc dels boxadors. Representa dos joves representats gairebé a mida natural, nus, que s'enfronten. Cadascun d'ells porta un guant voluminós de color fosc a la mà esquerra, mentre prova d'arribar al rostre del contrincant. La igualtat tan estètica com en la manca d'indumentària d'ambdues figures pot ser un indici d'una reglamentació, i el fet que fos la decoració d'un espai noble dona a entendre una certa notorietat d'aquesta activitat a la societat del moment.

Fruit de les excavacions a Hagia Triada, al sud de Creta, podem admirar una altra peça important, el *rithon* dels boxadors. És un vas de grans dimensions de forma cònica datat a mitjans del II mil·lenni aC que per les seves característiques, era emprat en cerimònies religioses o si més no, en entorns rituals. El *rithon* està decorat en quatre franges horitzontals, cadascuna amb una escena diferent que de nou reflecteixen la pràctica d'una boxa inicial i també, escenes de lluita.

Potser un dels principals elements de l'orfebreria minoica pren forma en una nombrosa col·lecció d'anells d'or que tenien alhora la funció de segells. De forma ovalada i amb relleus, s'han documentat tant per les troballes directes com per les seves estampacions de les escenes que porten gravades sobre milers de peces d'argila. Entre aquestes, hi ha més de 200 representacions de la figura humana en diverses actituds com la dansa, el lliurament d'ofrenes, i també d'activitat física. A part de les omnipresents escenes de lluita, també hi ha imatges d'aurigues sobre el seu carro, figures en cursa o bé saltant per sobre d'un brau.

El brau i els ritus

Aquest darrer cas també es reprodueix sobre d'altres suports. La pràctica del "salt del brau" té la seva principal referència al palau de Knossos, al nord de Creta, en un mural al fresc on s'hi veu un personatge fent la vertical sobre l'esquena d'un brau immens. És evident que, a part de tenir molts nassos, practicar el salt requeria una gran tècnica i agilitat, per això ha estat considerat sovint com un dels primers exemples d'esport.

El brau era un animal bàsic al món i la imatgeria cretenca. La mitologia hi situa Minos, un monarca llegendari que havia demanat a Posidó, el déu del mar, l'obsequi d'un brau per a sacrificar-lo als déus. Veient, però, el fantàstic animal que Posidó creà de les aigües, Minos es va desdir del sacrifici. A partir d'aquell moment, el brau de Creta fou una figura central tal com queda palès a les nombroses representacions de diferent naturalesa. El brau protagonitzà els episodis centrals a la mitologia cretenca, fins al punt de fecundar Pasífae, l'esposa del mateix Minos. Aquesta engendrà el minotaure, amb cap de brau en un cos humà que fou tancat al famós laberint construït per Dèdal, ubicat suposadament prop de Knossos. Per fer un paral·lel amb l'actualitat, el brau devia ser vist a Creta com ho són les vaques a l'Índia, i el gran abast d'aquesta figura a l'illa ens porta a considerar "el salt" com alguna cosa més que un simple espectacle.

El desxiframent del Lineal A, l'escriptura minoica de la que fins al moment només en coneixem unes desenes de caràcters, seria un pas definitiu cap al coneixement de la naturalesa d'aquesta pràctica. Fins que puguem disposar d'aquesta nova font de dades, circumscrivim aquestes pràctiques físiques a les celebracions en honor a les divinitats, sempre regides per unes normes. Amb l'avenç dels segles, les curses, lluites o d'altres proves transcendiren l'entorn ritual per acabar donant lloc a les activitats esportives tal com les entenem.

Representació del brau mític al palau minoic de Knossos (Creta, Grècia) (Pixabay, CC0 Creative Commons)

Camí del món clàssic

El sentit ritual de l'activitat física reglamentada també és objecte del relat a la Ilíada, que narra els dies finals de la guerra de Troia. A les pàgines d'aquesta obra atribuïda a Homer s'hi descriuen les competicions celebrades en honor a Patrocle, amic (molt amic) d'Aquil·les, amb motiu del seu funeral després de ser mort per Hèctor. El cant XXIII enumera de forma successiva les proves de les curses de carros, el pugilat, la lluita, les curses a peu, el llançament de disc i javelina i finalment, el tir amb arc. L'autor o autors de la Il·líada ens obsequien amb un testimoni d'una situació adient per a la celebració d'uns jocs al segle XII aC.

Ja a inicis de l'antiguitat i segons inscripcions al mateix jaciment, l'any 776 aC es celebraren els primers jocs a Olímpia, a l'oest de la península del Peloponès. Els jocs eren una trobada de representants de les diferents polis i regions de Grècia, que participaven en diferents activitats físiques en honor a Zeus. Les disciplines documentades son les curses a peu, el llançament de disc i javelina i, evidentment, la lluita. A partir d'aquest moment, els jocs a Olímpia tindrien una periodicitat de quatre anys i esdevingueren prou importants per regir un període de treva entre les diferents comunitats, no sempre respectada.

Olímpia no era, però, l'única cita per a aquests tipus d'esdeveniments, sinó que a altres polis o santuaris també se'n celebraven, i no a tots s'hi competien les mateixes disciplines. Delfos, als peus del Mont Parnàs, era l'emplaçament dels jocs pitis, en honor a Apol·lo. El nom dels jocs es deu directament als fonaments del temple d'Apol·lo, on la pitia responia enigmàticament les preguntes sobre l'esdevenidor que li feien delegacions arribades de tota l'Hèl·lade. A l'altre extrem del Peloponès, a la zona de l'istme de Corint s'hi celebraven, cada dos anys, els jocs ístmics en honor a Posidó i la polis de Nemea, també al Peloponès, donava lloc als jocs nemeus.

En tots els casos els jocs tenien en comú un suposat origen mític a partir de l'acció d'algun personatge del panteó grec. El culte a aquestes divinitats eren la raó de ser de tots els jocs de l'antiguitat, més que no pas les diferents disciplines practicades. I precisament perquè es cercava la perfecció (areté) davant dels déus, la competitivitat a l'estadi, i a la societat grega, era màxima, i només el primer s'emportava la fama que comportava, en sentit figurat, la vida eterna resultant de ser recordat. El segon no rebia cap reconeixement. De fet, no fou fins a l'època contemporània que aparegué el concepte de "podi", que posa el focus també sobre el segon i tercer classificats. L'extrema competitivitat del món clàssic premiava només el primer.

El culte al cos tenia un paper bàsic. El cos era considerat el mirall de l'ànima, i només un cos perfecte faria possible assolir l'areté. Per aquesta raó, l'esport es practicava nu, i només els grecs eren representats així, al contrari que els bàrbars (perses), que sempre es representaven vestits. Per a aconseguir el cos perfecte, la Palestra era un espai de referència. Era un espai obert, de forma rectangular i envoltat de pòrtics on s'hi practicaven les diferents disciplines. El sòl era de terra batuda, i també hi havia un espai d'aigües per a rentar-se dels olis emprats durant l'exercici. Amb el pas dels anys, l'espai per a l'exercici físic disminuïa a mesura que el dels banys augmentava, donant pas a poc a poc al que, en època romana, seran les termes o banys públics i els balnea o banys privats.

Hera, l'Olimp i l'esport femení a la Grècia clàssica

Els jocs d'Hera

Autor: Cèsar Sànchez

Restes de l'antiga palestra d'Olímpia (Grècia). Un porxo columnat tancava un pati quadrangular, amb el terra de sorra molt fina, on practicaven les diferents disciplines (Pixabay, CC0 Creative Commons)

Al santuari d'Olímpia s'hi celebraven aquests jocs dedicats a Zeus, la principal deïtat grega, però també s'hi feien el seu equivalent dedicat a la seva esposa, la pobra Hera, que passava el temps passejant les banyes per l'Olimp i conspirant contra totes les (i els) amants del faldiller Zeus.

Els orígens de les olimpíades femenines no són gens clars, com les masculines, i en la seva reconstrucció s'hi barregen, també, història i mite. Segons la tradició mitològica, va ser Hipodamia, filla del rei de Pisa Enomaos, qui va establir els jocs en honor d'Hera, com a reconeixement per haver-li permès el seu matrimoni amb Pèlops. Enomaos la volia casar només amb qui fos capaç de vèncer-lo en una cursa de carros, així que a banda de la intervenció divina d'Hera, segurament el fet que Hipodamia i el seu amant Pèlops manipulessin el carro d'Enomaos perquè es fotés una bona nata, també hi va tenir alguna cosa a veure.

Com a troballa arqueològica, tenim petites figures que representen les noies i que encaixen perfectament en la descripció de les atletes feta per Pausànies: eren dones descalces amb el cabell deixat anar, que duien un vestit per sobre els genolls i el pit dret al descobert. Cert és que no hi ha, com en el cas masculí, representacions a dojo d'escenes esportives, especialment en ceràmica, però sí que es coneixen algunes imatges de dones practicant esport.

Cal dir que, pels antics grecs, el model de bellesa era el masculí, i una curiositat és que el mot "gimnàstica" prové del grec "gymnós" que vol dir "nu", precisament.

Els jocs d'Hera consistien, pel que sabem, tan sols en una sola prova consistent en una cursa d'uns 160 metres que ocupava només una part de l'estadi. Els organitzaven 16 dones casades de la ciutat d'Elis, cadascuna ajudada per una assistenta. El nombre de dones venia determinat també pel mite d'Hipodamia, i les atletes es dividien en tres grups d'edat. La vencedora obtenia l'honor de poder dedicar la seva imatge a Hera, rebia la corona d'oliu i podia menjar carn de la vaca sacrificada en honor a la deessa. Malauradament, no s'ha conservat cap dels retrats o imatges ofertes per les guanyadores.

Contràriament al que es diu, les dones sí que podien assistir a les Olimpíades dels homes com a espectadores. Eren les solteres o millor dit, les verges, amb una gran excepció: la gran sacerdotessa de Demèter que, malgrat que podia estar casada, sempre tenia accés als jocs. De fet, la línia que separava la virginitat del matrimoni era molt prima, almenys a la pràctica. Si recorrem a la mitologia com a reflex del pensament grec, veiem que era matèria complicada.

La virginitat tenia una gran importància social al món grec. Tres de les principals deesses eren verges (o no es volien casar):

Detall de la volta de mig punt que cobria el passadís que menava a l'estadi d'Olímpia (Grècia) (Pixabay, CC0 Creative Commons)

Atenea, Àrtemis i Hestia. Aquesta darrera, la deessa de la llar, passà al panteó romà amb el nom de Vesta, i les seves sacerdotesses, les vestals havien de mantenir-se verges durant els trenta anys en què desenvolupaven aquesta tasca. Pel que fa a Hera mateixa, no és que fos exactament verge, sinó que es feia una restitució de la seva virginitat cada any. Així doncs, Demèter era, de fet, l'única deessa que pròpiament es podria considerar "mare" protectora en el sentit estricte del terme, sense patir per la seva virginitat. Tornant als jocs, la pràctica real era que les noies eren portades a veure els espectacles d'atletes nus fent exercici... i a veure si coneixien algun possible marit.

Sí que és cert que existien lleis restrictives per a les dones. Les dones casades de la ciutat d'Elis corrien el risc de ser estimbades daltabaix del mont Tipeu si eren descobertes *in fraganti* colant-se a l'estadi. Però també és veritat que no es descriu cap cas en què s'apliqués aquesta llei. Millor dit, Pausànies descriu el cas d'una dona que va ser enxampada: Cal·lipatira, era una espartana filla de Diàgores, campió olímpic dos cops en boxa (a la 79ena edició, el 464 aC), a banda d'altres campionats en diversos certàmens. Cal tenir en compte que a Esparta estava més ben vist que a altres zones de Grècia que les dones fessin activitat física i cuidessin la seva salut, per la creença de què això els aportaria fills més forts per a la guerra.

Els dos germans de Cal·lipatira, Damaget i Acusilau, també van ser campions en l'edició del 448 aC, en les disciplines de pankration (una mena de lluita lliure) i boxa, respectivament, igual que el seu nebot Euklēs. Cal·lípatira doncs, era un cas particular, ja que pertanyia a una gran nissaga de campions olímpics. Segons la tradició, el seu pare Diàgores d'Ialisos va morir mentre era homenatjat a l'estadi portat a l'esquena dels seus fills campions.

El 396 aC, Cal·lipatira es va colar als jocs disfressada d'home per poder veure el seu fill Pisírode participar en boxa. La seva emoció va ser tan gran en veure'l campió, que va saltar a celebrar-ho i enmig de l'eufòria, li va caure el vestit quedant al descobert el seu sexe veritable. Va ser indultada.

El càstig va recaure en els entrenadors, perquè Cal·lipatira s'havia fet passar per un d'ells. A partir de llavors i per evitar un nou cas semblant, els entrenadors anirien com els atletes: nus. Era la forma de comprovar si eren realment homes o dones. És possible, doncs, que la raó per la qual els atletes participaven sense roba, fos també aquesta.

No negarem que hi ha debat sobre si al món clàssic grec hi havia o no discriminació a la dona, i si era o no considerada inferior en l'aspecte esportiu, o físic. En altres aspectes, la dona era considerada una malalta crònica, només cal veure l'origen de la paraula "histèria", i políticament també estava discriminada. Així doncs, per què no hauria de passar el mateix en l'activitat física? Com que el nostre principal mirall és el món romà, extremadament masclista, molts pensadors tendeixen a creure que a les polis gregues també era així. Però no està del tot clar. I si no, tornem-nos a fixar en la seva mitologia.

Podem posar l'exemple d'Atalanta, que es va enfrontar i ferir una perillosa bèstia, el Senglar Calidó, enviat per Àrtemis. També va matar centaures a trets de fletxa. La nimfa Cirene matà un lleó amb les seues pròpies mans, per no parlar del mite grec per excel·lència: les amazones, les dones guerreres. I evidentment, Atenea, la deessa de la saviesa, però també de la guerra. Per tant, allò tan suat de què el paper de la dona en la mitologia clàssica estava al servei de l'ensenyament del rol passiu i supeditat a l'home, té les seves llacunes. Potser en l'esport també, i més tenint en compte que malgrat que parlem de "Grècia" per simplificar, o "polis", en realitat les diferències entre ciutats estat eren grans, i no sempre es coneixen tots els detalls de l'estatus que tenien les dones arreu.

Un altre cas excepcional d'una dona, en aquesta ocasió documentat a part de Pausànies, també pels historiadors grecs Plutarc i Xenofont, va ser la primera campiona olímpica de la història: Cinisca d'Esparta, filla del rei Arquidam II. Novament, parlem de les dones espartanes, les quals podien, d'entre altres drets poc comuns a les diferents polis, heretar propietats. Era una família coneguda per la cria de cavalls i va participar al tethrippon, la prestigiosa cursa de carros.

Resulta que segons les normes, els participants eren els cavalls i no els aurigues, que acostumaven a ser esclaus. Per tant, es declarava guanyador de la cursa el propietari dels cavalls... i va resultar que la propietària era una dona. Fins aquest moment, no havia calgut reglamentar aquesta possibilitat, simplement perquè segurament, la immensa majoria de dones de la gran part de polis gregues no tenien poder adquisitiu com per donar-se el luxe de tenir cavalls. D'aquesta forma, Cinisca, el 396 aC va convertir-se en la primera guanyadora olímpica participant en una cursa de carros, fita que repetiria quatre anys després i que amb tota seguretat, no va poder presenciar per la prohibició d'accedir a l'estadi.

Cinisca tampoc va poder recollir el premi, però sí que se li va permetre de col·locar la seva estatueta al santuari de Zeus, cerimònia reservada als grans herois dels jocs. A més, va encarregar una inscripció que segons Pausànies era a una placa de bronze instal·lada a la quadriga que la princesa va donar al temple de Zeus: "Jo Cinisca victoriosa de la cursa de quadrigues, faig aquesta estàtua, jo l'única dona en tota Grècia en haver guanyat aquesta cursa."

La seva victòria als jocs va establir un model per a altres dones que també van intentar guanyar com ella. Ho devien tenir difícil, en una societat on des de la infància, els rols eren molt marcats en l'educació. Els infants de seguida eren separats de la mare. A Esparta, se'ls treia de casa als set anys i se'ls adjudicava un tutor per començar el seu entrenament a l'anomenada *agogé*. Era un entrenament quasi militar que va tenir, però, els seus resultats: la immensa majoria de campions olímpics eren espartans. Durant tots els segles de jocs a l'antiguitat, en algunes de les disciplines, les tres quartes parts ho eren. Com hem vist, fins i tot les primeres dones van ser-ho.

A la resta de polis, entre l'oligarquia el normal era separar els nens de la família als dotze anys. A partir de llavors els nens s'entrenaven al gimnàs i la palestra i les nenes seguien a casa.

Encara avui, molts aspectes sobre les dones a l'antiga Grècia són suposicions, i s'ha d'anar amb compte de no traslladar els nostres prejudicis a l'època. Per exemple, és possible que el fet que participessin separadament als jocs no tingui a veure tant amb el físic, sinó amb aspectes religiosos. També manquen moltes dades. No sabem si les atletes provenien de les diferents polis o només dels voltants, ni si rebien un gran reconeixement públic entre les altres dones, ni si era un ritual de pas, així com molts altres aspectes socials que no es tenien en compte en les descripcions del moment com a fets dignes de destacar. En el cas de Pausànies, es

L'Espartaquiada

Una de les conseqüències evidents de la influència de la política en l'esport va ser l'absència sistemàtica, autoimposada o per exclusió, de l'URSS a les Olimpíades fins a l'any 1952. De fet, l'URSS va impulsar unes olimpíades pròpies que van anomenar *Espartaquiada*. Van fer un calc de les considerades "burgeses", fins i tot van crear un Comitè Olímpic... de l'esport roig, amb la intenció de regular l'esport de tots els treballadors del món. Tot i no ser un esdeveniment gaire conegut a Occident, l'Espartaquiada de 1928, efectuada a continuació dels jocs d'Amsterdam, va triplicar el nombre de participants d'aquesta i la va superar també en nombre d'esports realitzats. Després de 1952 l'esdeveniment es va convertir en un sistema de classificacions intern.

sospita que el seu gran al·licient era ignorar els romans i alhora exaltar tot allò que es considerava purament grec. Tenint en compte que els romans eren potser encara més misògins que els grecs, l'aparició d'aquestes anècdotes podrien formar part d'aquest context polític.

Tampoc sabem gran cosa del paper de la dona a la resta de competicions panhel·lèniques, més enllà de què "no podien participar", cosa que ja hem vist que era falsa. Els jocs panhel·lènics eren quatre, les olimpíades n'eren una de les competicions. Les altres tres eren: els jocs pítics, de caràcter poètic, dedicats a Apol·lo i les muses; els nemeus, dedicats a Zeus i Heracles, amb curses de carros, i els ístmics, dedicats a Posidó, amb proves al mar. Es desconeix el sistema de tria de les atletes, però en el cas dels jocs masculins, aquest eren escollits en diferents festivals que es realitzaven en honor a divinitats locals, i els campions anaven als jocs.

Grècia havia estat annexionada pels romans el 146 aC. Com a conseqüència, hi havia hagut revoltes, i com és sabut i evident, la cultura grega influencià molt la romana. De fet, malgrat tot, els jocs continuaren encara sota la dominació romana, amb la inclusió del dret dels ciutadans romans a prendre-hi part. I fou així fins a l'any 393 dC, quan degut motius religiosos, l'emperador Teodosi I va prohibir definitivament els jocs, per pagans.

Mentrestant, amb l'auge del cristianisme, la dona, també en l'activitat física, aniria transformant els rols de Lilit (l'antítesi de la passiva Eva bíblica) en una mena de Làmia (representada durant el renaixement com un monstre) i en l'origen de tots els mals, com Pandora. Ja en època contemporània, tants segles d'odi acumulat contra les dones va impossibilitar que es poguessin reincorporar a les competicions atlètiques al mateix temps que els homes.

Marató. Córrer i solidaritat
42,125 kilòmetres

Autor: Cèsar Sànchez

Imatge d'un atleta a la sortida de l'Hoplitodrome, la cursa que es corria nu, portant l'escut i el casc. La imatge és representada sobre una àmfora de figures roges de cap al 470 aC (Museu del Louvre, París) (Wikimedia, domini públic)

Les guerres del Peloponès que enfrontaren Atenes amb Esparta és un tema obligat d'estudi quan es parla de la Grècia antiga. Però diguem-ne que ara toca parlar dels fets immediatament anteriors: les Guerres Mèdiques que enfrontaren grecs i medes (perses). Concretament, d'una batalla coneguda com la batalla de Marató, origen de la cursa homònima i, només pel que fa al nom, d'actes de solidaritat com el de TV3.

Ens ocupa la batalla de Marató i la llegenda que es va crear amb el pas dels segles sobre el missatger Fidipides. Segons la llegenda, Fidipides va córrer fins a Atenes per comunicar la victòria de Marató, uns 40 quilòmetres (realment quasi 35), i després de pronunciar la superminifrase "hem guanyat", va morir. Ja durant el segle V aC es començà a exaltar aquesta figura i la batalla de Marató com a forma de propaganda, i el pas dels segles no ha fet més que augmentar la tragèdia (grega) afegint la mort del personatge. El que sí que sembla cert és la seva existència, i la cursa la va fer, però per anar a demanar ajuda als espartans davant l'imminent atac persa. Fidipides va recórrer, l'any 490 aC, 240 quilòmetres en dos dies i encara tornà amb les mans buides, perquè, pels espartans, els atenencs eren una colla de filòsofs efeminats que tendien a l'exageració. Sembla bastant difícil de creure que un missatger especialitzat, acostumat a cobrir distàncies enormes corrent, morís per fer "només" 35 quilòmetres.

El tema és que la llegenda oral, escrita per primer cop cinc segles després de produir-se els fets, arribà al segle XIX a les orelles del Baró Pierre de Coubertin, un amant de les "coses"

Estàtua en bronze d'un atleta (Pixabay, CC0 Creative Commons)

gregues, d'entre elles, la restauració de les olimpíades. La primera Marató, cursa en honor del soldat Fidipides (perquè córrer, ja es corria abans), va ser a les primeres olimpíades de 1896, però la distància seguiria essent un problema a determinar que només es va resoldre a les olimpíades de 1908 a l'estil britànic: seria la distància entre Windsor i White City: 42,125 quilòmetres.

La primera Marató a Catalunya es va realitzar a Palafrugell el 1978, a causa de les prohibicions de la dictadura.

Evidentment, seguint la tradició grega, a les olimpíades només hi participaven homes, tot i que es va modernitzar el tema afegint-los la roba (originalment els atletes anaven nuus). Les dones haurien d'esperar a poder participar en una marató a les innovadores olimpíades de Los Angeles el 1984. La pionera que impulsà aquest canvi de tendència va ser Kathy Switzer la qual, involuntàriament, va protagonitzar una de les imatges més patètiques del masclisme del segle XX quan va participar a la Marató de Boston el 1967. Es va haver d'inscriure amb un nom de noi, i quan un jutge la va descobrir, se li abraonà per treure-la de la carretera, cosa que provocà la solidaritat d'altres atletes (d'entre ells el seu entrenador i el seu xicot) que la van protegir i acompanyar fins a la meta.

Als puristes, els queda el consol d'anar a l'autèntica marató de 246 quilòmetres que cada any es celebra a Grècia, l'Spartathlon, que commemora la cursa que es va marcar Fidipides per demanar ajut las espartans. I aneu tranquils, que d'aquesta Fidipides va sobreviure.

Harpastum

Joc, espectacle i violència

Autor: Cèsar Sànchez

L'Harpastum, representat en un mosaic romà de Piazza Armerina (Pixabay, CC0 Creative Commons)

Transportats a la Roma clàssica, quan parlem de violència no ens referim als gladiadors, ni a cap tipus de lluitadors. No. L'*Harpastum* era un simple joc de pilota. Quan la gent volia un espectacle, anava al circ o a l'amfiteatre, i els jocs que triomfaven eren els d'atzar, com la tabula, avantpassat directe (aquest sí) del *backgammon*. Els romans tenien una gran afició al joc i a les apostes, un autèntic maldecap per a les autoritats que sovint prohibien determinades pràctiques. Des d'un punt de vista actual, si parléssim amb un romà de l'antiguitat i li demanéssim on podríem anar a veure un espectacle, amb joc, amb emoció... ens enviaria a una partida clandestina de daus.

L'Harpastum mateix, sovint aclamat com a avantpassat del rugbi o del futbol, era un joc de pilota que practicaven els legionaris romans. La seva funció era l'entrenament militar. Era permès absolutament tot... menys matar el rival. El lector podria fer-se una idea de com era el joc. En aquest cas, recomanem fer-ho sota la responsabilitat d'un historiador. Caldria portar milers de soldats a centenars de quilòmetres de casa seva, a canvi d'una paga minsa o inexistent. Eren homes acostumats a caminar de 30 a 40 quilòmetres al dia durant dues dècades de servei, amb un ranxo justet i dedicats, en temps de pau, a les dures tasques de

Pintura al fresc romana provinent de l'anomenada tomba dei pinti (sIac-sIVdC), que mostra tres practicants de l'Harpastum (Museo Nacionale Romano)
(Wikimedia, CC0 Creative Commons)

construcció d'obres públiques com les calçades. Més aviat rústecs i analfabets, eren procedents de mil i una nacionalitats diferents, ensinistrats a matar per menys d'un pèsol i sotmesos a una disciplina fèrria de càstigs corporals. Si en un moment donat se'ls digués que podien deixar la rutina durant una tarda per enfrontar-se als seus oficials en dos equips i es deixés anar una pilota... el més prudent seria sortir del mig! Doncs això era l'harpastum. Ara li diuen "esport" i intenten completar-lo amb normes actuals.

Ara que hem aclarit una mica de què parlem, què sabem realment de l'harpastum? L'harpastum es podia jugar amb les mans i amb els peus, la pilota era petita, potser semblant a la d'handbol, i dura. Tan dura, que si picava el cos, feia mal. El camp era rectangular i improvisat, delimitat simplement amb cordes, sense porteries. No es coneix exactament si hi havia diverses tipologies de jugadors. Possiblement era un joc d'equip o individual o fins i tot es podia desenvolupar en les diverses variants.

L'harpastum podria haver estat molt semblant als jocs de pilota dels Chukchi de Sibèria, organitzats socialment en bandes, amb unes normes que variaven enormement tant pel que fa a la mida de la pilota com a les mateixes regles del joc. Per l'origen del nom, una llatinització del grec *harpaston*, es pot deduir que l'objectiu era "arrabassar-se" la pilota, que és el que vol dir, i fer arribar la pilota passant-se-la fins a alguna marca, tal com una ratlla, a través de l'equip contrari.

Les normes d'aquest "esport", com fàcilment es pot deduir, es podrien equiparar a qualsevol cosa. Si els jugadors portessin una escombra, fins i tot al *quidditch* de Harry Potter. Llavors potser hauríem de recórrer a allò que diferencia els esports actuals dels antics: secularització, especialització i la racionalització amb normes fixes o institucionalització. I malgrat tot això, encara hi ha marge per a la interpretació.

A l'entorn de l'harpastum s'hi troben actituds completament paganes, relacionades amb activitats socials equiparables a les nostres com: el rang social, s'enfrontaven soldats contra oficialitat, els honors i sobretot era una vàlvula d'escapament per a la tensió acumulada per les tropes. Evidentment, es posaven en pràctica tàctiques d'equip i això enfortia les relacions militars.

És possible que entre els traspassos entre les cultures grega i romana hi figurés l'Epislcyros, o "batalla de la pilota". Sembla que també era un joc de peus amb la pilota que servia d'entrenament als aguerrits espartans. A les dues cultures, a més, s'ha trobat mostres de nens jugant i aprenent a jugar amb les pilotes. On era la divisió que separava el joc de l'entrenament prematur seria difícil de dir, sobretot tenint en compte l'estricte sistema educatiu espartà.

En caure l'imperi romà, les legions havien portat arreu els seus jocs. Alhora, molts dels esdeveniments esportius de masses de l'antiguitat havien estat bandejats pel cristianisme. La fi mateixa dels jocs olímpics de l'antiguitat està relacionada amb la imposició del nou culte oficial quan els emperadors Teodosi I i Teodosi II, al pas del segle IV al V, van eliminar els cultes pagans i van destruir tots els temples grecs, respectivament.

A Anglaterra les legions també van portar l'harpastum. Tot i el forat documental d'aquell impasse a les illes britàniques, sembla que com a la resta del continent, diferents versions dels jocs de pilota van sobreviure. Al 828 a l'*Historia Brittonum* es parla de nens jugant a "*pilae iudus*", jocs de pilota.

Colors sobre rodes

Autor: Eugeni Junyent

Detall del mosaic del Circ. Museu d'Història de Girona (dipòsit Museu d'Arqueologia de Catalunya) (Eugeni Junyent)

Una de les escenes més famoses del cinema és la cursa de quadrigues de l'auriga Ben-Hur. Són deu minuts que ho tenen tot: acció, incertesa, una bona ambientació i és força fidel a allò que podria haver estat una cursa de quadrigues al segle I dC.

Imatges circenses a Catalunya

L'únic circ romà del que en tenim restes a Catalunya es troba sota plaça de la Font de Tarragona, que en segueix la forma. Part de les seves estructures encara son visibles tant des del carrer com des de l'interior de nombrosos comerços que comparteixen murs amb l'estructura antiga. El de Tarraco era un circ d'uns 300 metres de llargada i 100 d'amplada. Se'n conserven part de les grades, l'extrem oriental de l'arena i tot un corredor que donava accés als *vomitoria* o boques que donaven accés a les grades, ara part del Museu d'Història de Tarragona.

Una visió de les curses que s'hi celebraven, a gran angular, la podem trobar a un altre museu català, concretament a la seu de Barcelona del Museu d'Arqueologia de Catalunya (MAC), on s'hi custodia l'anomenat mosaic del circ. És una obra del segle IV, de 8 metres de llargada i 3,5 metres d'amplada i que mostra, malauradament fragmentada, una escena d'una cursa al circ d'allò més interessant. Aquest no és, però, l'únic mosaic d'aquestes característiques a Catalunya. També al MAC, però a la seu de Girona, s'hi pot contemplar un altre magnífic

Vista aèria de la corba oest del circ de Tarraco. A la dreta de la imatge s'estendria l'arena, on corrien les bigues i les quadrigues (Eugeni Junyent)

exemple d'un mosaic amb una escena de circ, aquest força més sencer. Trobat a Bell-lloc del Pla, és d'una cronologia lleugerament anterior, del segle III, i ha estat restaurat recentment.

A partir d'aquests mosaics podem constatar diversos aspectes de les curses. Primerament, hi participaven quatre equips, cadascun del quals representava una facció que s'identificava inequívocament amb un color: la facció prasiana amb el verd, la veneta amb el blau, l'albata amb el blanc i la russata amb el vermell. Al costat superior dret de mosaic de Barcino hi ha un personatge amb quatre cintes, una de cada color, i que n'aixeca una, en aquest cas, la verda, indicant la facció guanyadora.

Les curses

Com era realment una cursa de quadrigues? Com les descriuen els diferents autors? Els circs on corrien les bigues i les quadrigues hereten la seva morfologia dels estadis grecs, on les curses de carros ja eren un gran esdeveniment davant desenes de milers d'espectadors. L'arena on es desenvolupaven les curses constava de dues rectes i dues grans corbes al voltant d'una estructura llarga i estreta a l'eix de la pista que s'anomenava *spina*.

Llàntia d'oli amb la imatge d'una quadriga en plena cursa (MNAT, Tarragona, Eugeni Junyent)

A la *spina* hi havia normalment diversos elements, com un obelisc a la part central. I a cadascun dels extrems, les *mestae* o monòlits decoratius al voltant dels quals giraven els carros. També hi havia representacions de trofeus, cosa habitual en un entorn d'una escena de competició, així com de divinitats relacionades amb els jocs i les curses. A la spina del mosaic de Gerunda hi apareix Cíbele, molt freqüentment representada als circs, al costat dels trofeus, que prenen forma d'un casc de guerrer. La *spina* era l'espai reservat per a la representació de les institucions i el poder, i al seu voltant, el món terrenal girava en disputa.

Abans de la cursa, els carros sortien de les anomenades *carceres* o espais tancats que s'ubicaven en un dels laterals estrets del circ. Davant d'un dels revolts. Al mosaic de Girona, aquestes estan representades a la banda dreta. Podien ser arrossegats per dos cavalls (*bigae*) o més generalment, per quatre *(quadrigae)* i eren conduïts per un auriga.

Cada auriga portava un ajudant i també l'anomenat *propulsor*, un individu que tenia per tasca esperonar els cavalls. Un altre dels personatges a l'entorn de les curses de carros era l'*sparsor* que, amb una àmfora sota el braç, refrescava els cavalls.

Qui decidia el guanyador?

La competició era regida pel president, que s'ubicava a la tribuna, en una de les rectes. En un rang just per sota d'aquest se situava el *designator.* Nosaltres l'anomenaríem àrbitre. Era fàcilment distingible perquè portava una vara a la mà. Aquest vetllava pel desenvolupament correcte de la cursa i en designava el guanyador, tot fent onejar una cinta del color de la seva facció i cridant-lo pel seu nom. El president lliurava al guanyador una corona de llorer.

Després que el *designator* deixés anar el *mappa* o tela que indicava l'inici de la cursa, aquesta arrencava a la recta del davant de la tribuna i fins a acomplir set voltes en sentit antihorari. El cavall que se situava a l'esquerra dels carros i que per tant, girava les corbes per la part interior, a tocar del mur de la *spina,* tenia una importància especial i un paper destacat per evitar els molt possibles impactes.

Per acabar-ho d'adobar, el públic prenia partit i llençava objectes a les faccions contràries per mirar de provocar-ne l'accident i deixar-les així fora de combat, situació que s'anomenava *naufragia.* No és estrany doncs que els aurigues anessin protegits amb casc i vestit adient, tal com mostren els mosaics.

Els aurigues minimitzaven el risc de caiguda portant les brides agafades a la cintura, cosa que els deixava les mans més lliures per a controlar els cavalls. Aquesta mesura, però, tenia la seva cara negativa, i és que si els cavalls s'estavellaven, l'auriga no se'n podia deslliurar fàcilment. També era corrent que acabessin arrossegats per l'arena darrera els cavalls, reproduint així l'escena de Messala a Ben-Hur. Per cert, els aurigues eren esclaus, els nobles o propietaris dels cavalls no conduïen mai els carros. Messala i Ben-Hur mai haurien pres la sortida. Això no treu que a les inscripcions honorífiques, sovint s'hi esmenti més als propietaris dels cavalls guanyadors que no pas a qui s'havia jugat la vida conduint-los, i això ha donat lloc a algunes interpretacions errònies.

Ídols de masses. L'auriga lusità Cai Apuleu Diocles

Juntament amb els gladiadors, els aurigues eren personatges de gran popularitat a la societat romana. Conegut com l'auriga més destacat del moment, Cai Apuleu Diocles visqué al segle II dC. Nombroses inscripcions ens donen força informació dels 24 anys dels seus triomfs. És un cas excepcional, ja que els accidents sovint tallaven d'arrel les expectatives de molts aurigues.

Al llarg d'aquest gairebé quart de segle i de més de 4.200 curses, va defensar diverses faccions. Començant per la blanca per acabar a la vermella, passant per la verda. És un cas únic també per la quantitat de victòries, 1.426, i del que avui en diríem "podis", 1.438. Sense voler deslluir el currículum, cal tenir en compte però que només corrien quatre carros, de manera que parlar del tercer, és el mateix que parlar del penúltim. El cas però és que, de mitjana, feia una cursa pràcticament cada dos dies, en guanyava una de cada tres, i quedava segon o tercer en la mateixa proporció. Sembla insuperable. Segurament per això, es va fer molt ric.

El cas de Cai Apuleu mostra que les curses de quadrigues al circ era una activitat pràcticament diària, cosa que fa evident la importància de la política de control social del *panem et circenses*. Seguint amb la mateixa filosofia de tenir al poble ben distret, a l'antiga Roma, més de la meitat dels dies eren considerats festius. A Salònica, però, els va sortir malament.

Els fets de Salònica

Un dels balls de bastons, legions a banda, més memorables a l'Imperi va tenir lloc a finals del segle IV a Salònica. El magistrat Boteric, principal autoritat a la ciutat, ordenà empresonar un famós auriga acusant-lo de seduir un dels servents de l'emperador Teodosi. En córrer la notícia, els ciutadans s'hi oposaren fins al punt que esclatà una revolta en què resultà mort el mateix magistrat. Aquest fet generà una espiral de violència. En una represàlia duríssima, la guàrdia pretoriana assassinà, segons les fonts, fins a 7.000 habitants mentre aquests eren, precisament, al circ en una emboscada que ha passat a la Història com la Massacre de Salònica.

No acabà aquí l'episodi, ja que el bisbe de Milà, que no tenia precisament bona relació amb l'emperador, s'assabentà dels fets i aprofità l'avinentesa per, amb l'excusa de la massacre, excomunicar l'emperador durant uns mesos. Queda clar l'abast social dels aurigues en l'època imperial.

Potser l'espectacle actual que podríem equiparar amb aquestes curses és el Palio de Siena. Es corre cada estiu i cada genet defensa l'estendard de la seva contrada o barri. De forma semblant, els quatre colors de les faccions eren el més semblant als estendards, per la repercussió social i les passions que aixecaven, comparables també al futbol actual.

L'esport en època medieval i moderna

Isidor de Sevilla, al segle VI, va fer referència als "esports" al mateix volum de la seva obra les Etimologies on parlava de la guerra, els espectacles i els jocs. L'obra en té vint, de volums. Significatiu. Isidor enumera diferents activitats considerades paganes, com el circ, d'altres directament satàniques, com els jocs d'atzar, i anomena cinc disciplines gimnàstiques d'espectacle que podien ser acceptades: lluita, cursa, salt, llançament i força. Curiosament, el pentatló grec.

En general, l'edat mitjana és un trànsit des de la completa assimilació de la religió en tots els àmbits de la societat, fins a l'arribada de l'humanisme, on es produeix un fenomen invers al de sacralització. S'introdueix el concepte dels rècords i molts esports esdevenen elitistes per l'elevat cost de manteniment, com el cas de les especialitats relacionades amb animals com l'hípica, la falconeria, o també les armes. Una tendència que es perllonga fins a l'actualitat, donada la impossibilitat d'accedir a instal·lacions adequades per part de molts atletes, com per exemple, a les piscines. Només cal recordar el cas d'Éric Moussambani, l'esportista guineà que havia après a nedar pocs dies abans d'anar als Jocs Olímpics de Sydney del 2000 i que va acabar, tot sol, els 100 metres en el doble de temps que la resta de competidors.

Les novetats es van anar aplicant sobre els esports tradicionals. Durant l'època medieval es va produir un gran esmicolament de les diferents versions d'esports que es practicaven, destacant a Europa i a nivell popular, les relacionades amb qualsevol cosa que fes el fet amb una pilota en qualsevol de les seves formes, moguda amb pals, mans, peus, o amb ambdues coses, contra la paret o aprofitant qualsevol element urbà o natural.

A partir de l'humanisme, la legitimació de l'esport deixa de voltar i justificar-se per la religió, i entren en escena altres preferències com són el culte al cos, ideal "recuperat" d'època clàssica, i la salut. Hyeronimus Mercurialis és una de les figures clau d'aquesta època. La seva obra "De Arte Gymnastica" del 1569 mostrava preocupació per com els exercicis físics podien millorar la salut i per això, va recuperar les idees de Galè i va introduir el concepte de ciència dins la gimnàstica.

Més avançada l'època moderna, les noves tendències en l'educació seran fonamentals, tot i que en molts camps s'haurà d'esperar fins a l'època contemporània per a la seva aplicació, especialment, pel que fa a l'ensenyament a les escoles. Seguint les idees de Rosseuau sobre educació natural, es van crear diverses escoles i cadascuna d'elles responia a un nou interès, el nacional. En aquest moment acabaria l'època moderna per donar pas a la contemporània.

Colors, religió i ideologia política
L'hipòdrom de Constantinoble

Autor: Cèsar Sànchez

Detall d'una de les cares de la base de l'obelisc de Tutmosis III, que fou portat d'Egipte i ubicat a l'espai de l'antic hipòdrom de Constantinobla. S'hi pot veure un relleu que representa l'emperador Teodosi lliurant la corona de llorer al guanyador d'una cursa (Eugeni Junyent)

Durant el regnat de l'emperador bizantí Justinià als segles V i VI, l'esport era una forma més d'establir la continuïtat de l'imperi Romà a Orient, que encara resistia. Malgrat tot, l'imperi d'Orient no quedava al marge de les discussions teològiques plantejades als diferents concilis, que anaven establint els cànons catòlics no sempre ben vistos a Orient, on es consideraven una conseqüència de l'arribada dels pobles bàrbars. S'estaven posant les bases del cisma entre les esglésies d'Occident i d'Orient que arribaria en època medieval plena.

Justinià va dedicar gran part de la seva vida a intentar recuperar territorialment tot l'imperi, i una de les pràctiques que hi tenien continuïtat eren les curses de quadrigues. Els seguidors de les curses es dividien en les quatre faccions: blaus, verds, vermells i blancs, aquests dos darrers, en hores molt baixes. Els blaus eren trinitaris ortodoxos, i els verds monofisites dissidents. Encara més complicat, els blaus eren conformats per terratinents, generalment nobles que comptaven amb el suport de Justinià, mentre que els verds estaven conformats per les classes urbanes, principalment comerciants.

"Més que un club", l'hipòdrom de Constantinoble

L'any 532, a l'entrada de l'hipòdrom de Constantinoble es va iniciar la revolta més sonada contra Justinià, que acabà per estendre's a diverses ciutats bizantines com a conseqüència del descontent polític per les pressions fiscals del moment. S'havien creat fins a 26 nous impostos i, tot i que generalment afectaven les classes altes, la societat es tensionava, i les tensions esclataren a l'entorn del circ.

El lloc escollit per a la revolta no havia estat casual, ni tampoc conseqüència directa d'una simple enrabiada per un resultat, sinó que a través de les faccions dels diferents colors s'havien establert un fort entramat de relacions i l'hipòdrom s'havia convertit en un punt neuràlgic d'opinió pública, una mena d'àgora.4fotosxxx

Detall d'una de les cares de la base de l'obelisc de Tutmosis III, que fou portat d'Egipte i ubicat a l'espai de l'antic hipòdrom de Constantinobla. S'hi pot veure una escena que representa una cursa de carros (Georges Jansoone)

Detall de la rèplica d'un dels quatre cavalls de la quadriga de coure que coronava l'hipòdrom de Constantinoble. Actualment, estan ubicats a la façana de la basílica de Sant Marc de Venècia (Itàlia), després del saqueig de la ciutat per part dels venecians el 1204. Els cavalls originals s'exhibeixen dins la basílica (Eugeni Junyent)

Vista actual de la plaça que ocupa l'espai de l'antic hipòdrom d'Istambul, presidit per l'obelisc de Tutmosis III (Eugeni Junyent)

Mosaic del segle VI amb el retrat de l'emperador Justinià i el seu seguici a l'església de San Viltale (Ravenna, Itàlia) (Eugeni Junyent)

La causa principal de la revolta havia estat la creació d'impostos per a pagar les despeses resultants del tractat de pau amb els perses de l'any 531. L'administrador de la recaptació era Tribonià, un funcionari a qui s'havia adjudicat la redacció del primer esborrany del famós Codi Justinià. Tribonià era però altament impopular entre les faccions i fins i tot, odiat. L'hipòdrom s'havia convertit en l'únic escenari on el poble podia reunir-se i criticar les polítiques del moment, donat que ja l'anterior emperador havia prohibit la majoria d'espectacles públics, inclòs el teatre. Aquest fet, que tot un emperador que gosés a tancar tots els espectacles excepte les curses de cavalls, denota la importància que tenia el circ.

El focus del poder estava doncs centrat en l'hipòdrom, i deia Procopius: "la població de tota la ciutat es troba dividida en dos grups, els Verds i els Blaus... els membres de cada facció lluiten contra els seus oponents... sense respectar el matrimoni ni el parentiu ni els vincles d'amistat, ni tan sols en aquells casos en que els qui donen suport a diferents colors poguessin ser germans o algun altre tipus de familiars".

Per a frenar la revolta, set dels seus responsables foren condemnats a mort. Dos d'ells eren membres de les faccions blava i verda. Miraculosament, aquest dos es salvaren de la mort quan, durant l'execució en què eren penjats al costat del Bòsfor, el bastidor de fusta que sostenia la corda es va "trencar". El miracle diví es concretava en el fet que la gentada havia tallat els bastidors i s'havia emportat els condemnats a la protecció d'una església.

A la primera cita al circ després d'aquest fet, la gentada cridà demanant el perdó d'ambdós. Els blaus deixaren de banda el fet que la família imperial formava part del seu entorn, i s'uniren als verds enfront l'emperador. El crit amb el que cada facció esperonava el seu auriga, "niké", fou cridat a l'unísön en un desafiament clar a l'emperador. Aquell dia, les curses acabaren abans, cosa que portà la gentada a desplaçar-se cap a la ciutat per cremar-la. Durant la revolta, les faccions van arribar a destruir el palau reial i Santa Sofia, que seria posteriorment reconstruïda pel mateix Justinià. L'emperador va estar a punt de fugir, tot i que finalment es decidí a posar fi a la revolta amb sang.

Foren cinc dies d'aldarulls, els més importants de la història de Constantinoble. Els revoltats provaren de substituir l'emperador. Després d'intentar subornar els blaus, tot recordant-los el seu estatus per enemistar-los amb els verds, Justinià envià el seu famós general Belisari i les seves tropes a l'hipòdrom, on s'havien reunit els revoltats. Segons Procopius, els revoltants van ser massacrats mentre les sortides eren bloquejades. Les baixes s'elevaren fins a unes 30.000 persones, gairebé un 10% de la població de la ciutat. Aquest nombre segurament tenia relació amb la grandària llegendària de l'hipòdrom, de més de 400 metres de llarg i que segons algunes fonts, tenia un aforament de més de 100.000 espectadors.

Després d'aquest episodi, les curses de carros deixaren de ser un espectacle de masses per sempre. Tot plegat ens porta a afirmar que l'hipòdrom de Constantinoble podria ser anomenat el primer "més que un club".

Soulé, calcio, carnaval i futbol

Les necessitats de la guerra

Autor: Cèsar Sànchez

Reproducció parcial d'un gravat que mostra un partit de Soulé a Normandia, al nord de França, l'any 1852. A la part central de la imatge, hi ha la pilota en disputa (autor desconegut) (Wikimedia, domini públic)

Així com l'harpastum té un origen romà, la *soulé*, també un avantpassat del futbol o del rugbi, sembla tenir l'origen en els jocs tradicionals celtes. Segons Vicente Verdú, el mot podria provenir del celta *heule* que significava "sol". Estaríem davant d'una similitud amb altres cultures d'identificació de la forma de la pilota amb el disc solar.

De la mateixa manera que de l'harpastum, ens ha arribat informació fragmentada de tots aquests jocs pel que fa a les normes, però abundants referències legals, pels nombrosos intents de prohibir-ne la pràctica. En època medieval poden trobar-se moltes formes d'antecedents comuns tant del futbol com del rugbi, els quals no es separarien clarament fins al segle XIX. A Itàlia se'n van donar diferents formes com el del *calcio fiorentino*, sempre amb normes irregulars i variables. Així per exemple, el calcio el formaven equips de 27 persones, segons les instruccions publicades per Giovanni di Bardi ja el 1580, que son considerades les primeres normes escrites d'un esport.

El calcio fiorentino era una batalla campal on s'hi valia tot, amb un parell de porteries a les quals ningú feia ni cas. Era una barreja de lluita lliure, boxa, amb futbol i rugbi. Els equips encara s'identificaven per colors, i en aquest cas, també per parròquies. El salt a la fama d'aquest esport es va donar el febrer de 1530, quan davant la caiguda imminent de la ciutat de Florència front l'emperador Carles V, els defensors van reptar els

Il·lustració que mostra una escena del joc del futbol de carnaval, en la variant del mob futbol (Wikimedia, domini públic)

> *El 1574 es va organitzar un partit de calcio en honor del rei francès Enric III a Venècia. Després de contemplar com s'atonyinaven durant més de tres hores, el rei va dir: "massa petit per ser una guerra, i massa cruel per a ser un joc."*

assetjadors a un partit de calcio. Ja que queia la ciutat, almenys es donarien el gust de repartir unes quantes bufes ben donades. I de pas celebrarien el carnaval.

Un altre Carles V, aquest de França, va prohibir un altre entreteniment, encara més bèstia, la *soulé*. La soulé no ha estat vindicat com d'altres "esports" d'origen medieval, segurament per la seva extrema violència. Contradictòriament, altres jocs elitistes, com les olimpíades, van ser vindicats, malgrat els seus condicionats misògins i polítics.

La soulé era un joc on una gran colla de persones, majoritàriament homes, en nombre variable que de vegades arribava als centenars per a cada equip, s'enfrontaven a un altre grup, no necessàriament igual en nombre. Normalment els oponents es formaven de poble contra poble. L'objectiu era traslladar amb les mans una pilota dura d'un lloc pactat prèviament a un altre (una casa, el cementiri...). La "pilota" era sovint algun objecte creat a partir d'un budell d'animal farcit. Quan els grups es trobaven començaven els gecs d'hòsties entre ells, fins al punt que sovint, la pilota acabava en l'oblit. Aquest joc bèstia va patir persecucions i amenaces d'excomunió, malgrat que hi ha proves de què els mossens eren els primers entusiastes a afegir-s'hi. La soulé va ser practicat sobretot a Normandia, fins a la revolució francesa.

> *Les raons per prohibir jugar per part del poder eren eminentment pràctiques. Després d'un partit, que podia durar tot un dia, els homes tornaven talment com si haguessin participat en una batalla: amb braços i cames trencades, caps oberts i costelles trencades a dojo. Ras i curt, es necessitaven homes sencers per anar a les guerres. També es va prohibir adduint motius de seguretat, donat que sovint els objectius dels avalots produïts per les batalles campals tenien per objectiu edificis sensibles pel poder, com palaus o esglésies.*

Per contacte, una variant de la soulé va arribar a Anglaterra, la qual va ser l'anomenada "futbol de carnaval". Donat que es prohibia jugar durant l'observança de la Quaresma, es feien grans

Gravat que representa una escena d'un partit de calcio fiorentino a la plaça de la Santa Croce de Florència, el 1688 (Wikimedia, domini públic)

concentracions durant aquest dia de carnaval per jugar-hi. A França i Itàlia també es jugava aprofitant festivitats eclesiàstiques.

El 1180, William Fitzstephen, mossèn de Canterbury al servei de Thomas Becket, descriu entre les activitats quotidianes de Londres com en aquelles dates es jugava a pilota. Al segle XIV començaren les prohibicions a Anglaterra, després que els partits derivessin en grans aldarulls on hi assistien tota mena de pinxos, fins i tot amb ganivets, i s'hi produïen morts.

El 1314, Eduard II va fer proclames en favor de la pau interna, advertint contra els jocs de pilota. Durant la guerra dels 100 anys, al segle XV, el rei Enric IV va prohibir la recaptació de diners per a organitzar un partit de "fute-ball". Són les primeres mostres del mot "futbol" escrites. Poc després, el rei escocès Jaume I prohibiria directament jugar a futbol. Qui va deixar per escrit la seva pregona preocupació per la integritat física dels seus súbdits va ser Eduard III al 1365. Directament encomanava als sheriffs de Londres que impedissin, sota pena d'empresonament, que els homes s'exercitessin en el llançament de pedres, pals o teules, pilota de peu o de mà... i que dediquessin els dies festius a practicar amb l'arc. No cal dir que, malgrat els estira i arronsa amb el poder, la voluntat popular de desfogar-se va persistir-hi tal com indicarien els quasi 40 edictes prohibint-ne la pràctica del futbol entre els segles XV i XVII.

Qui va inventar el futbol?

En realitat són actualment molts els indrets que s'autoproclamen precursors de "l'esport rei". Fins i tot a la Xina argumenten que durant la dinastia Han (entre el segle II aC. i III dC.) existia un entrenament militar consistent a empènyer una pilota amb els peus fins a una xarxa. Alguns traslladen aquest entrenament, anomenat tsu-chu, encara més enrere, a la dinastia Shan, a partir del primer mil·lenni aC.

Merda va!
L'origen europeu del beisbol i els tombs

Autor: Cèsar Sànchez

Moltes coses que pensem que provenen dels Estats Units, en realitat, en origen, van ser portades al nou continent pels colons europeus que simplement, duien a la maleta els costums i tradicions dels seus respectius països d'origen. Un exemple és el beisbol. El mot beisbol és el nom actual d'un esport

Imatge d'arxiu d'un jugador de l'equip de beisbol de Philadelphia, de finals del segle XIX.
(http://publicdomainreview.org)

que enfonsa les arrels en la història, relacionat amb feines del camp com batre el gra, combinat amb creences màgiques i jocs.

Els rituals màgics relacionats amb fer un nombre determinat de voltes en un sentit establert al voltant d'un indret, sigui geogràfic, com un puig o uns camps de conreu estan documentats arreu del món. Es gira al voltant d'una relíquia o d'un buda, com al *parikrama* (que significa "sempre a la dreta"), d'un tòtem, o simplement d'algun element com una taula, com seria el cas de l'*hetzmek* al Yucatán. També a les cultures mediterrànies existeixen les anomenades "circumval·lacions".

Al món romà, una mostra era l'ambarvàlia, una festa de finals de maig consistent en realitzar voltes als camps de conreu per invocar la fertilitat de la terra. La versió urbana es feia al voltant dels temples per demanar favors als déus. També els grecs

Stupa budista a Boudhanhath (Kathmandu, Nepal), on els fidels hi fan voltes tot movent els cilindres d'oracions que hi ha instal·lats a tot el perímetre (Eugeni Junyent)

donaven tres voltes al voltant dels altars per realitzar sacrificis i els romans ho estengueren a la expiació i la purificació. Virgili descriu a l'Eneida (segle I aC) com Corineu purificà els seus companys al funeral de Micè fent-ne tres circumval·lacions mentre els llançava aigua amb una branca l'oliu.

Costums circumval·lants

També els celtes tenien costums circumval·lants semblants, alguns dels quals han quedat camuflats sota el catolicisme irlandès. Com d'altres elements de creences populars ancestrals, van ser considerades paganes per l'església oficial, però han perdurat pel seu arrelament popular sota la imposició a l'advocació de sants o indrets sagrats. Un exemple és el cas de l'ambarvàlia, que al segle IV es va transformar en una *rogatio* que encara se celebra actualment el dia abans de l'Ascensió. En el món musulmà, també existeixen les set voltes a la *kaba* en sentit contrari a les agulles del rellotge. Més a prop nostre, podem citar les voltes a les ermites gallegues, alguns elements de les romeries com les voltes frenètiques al voltant d'una imatge de Jesucrist situat a una paret de cementiri a Granada, o els nostres tres tombs per Sant Antoni.

Així mateix, l'objecte del ritual pot ser múltiple: l'arribada d'un nounat, màgia negra, culte a la natura... però el més estès és l'ús com a porta d'entrada per mantenir contacte amb el més enllà i els esperits. Les voltes són un mitjà per entrar en un determinat estat de trànsit. Els maçons van apuntar-se a la moda incloent el fet de fer voltes al temple com a part dels seus ritus bàsics. I, per què no?, podria haver entrat també al món dels jocs, per passar al de l'esport. No seria el primer cop ni l'últim que a partir d'actes sagrats, acaben derivant-se'n jocs que finalment es converteixen en esports. Dels grecs antics, especialment dels oracles, vam rebre els astràgals, el llançament d'ossos, les baldufes sense fil o els daus, per no parlar de les olimpíades. La transformació dels tombs rituals en un joc fins a convertir-los en les diferents versions de beisbol existents a l'edat mitjana, no seria pas estrany.

Pal i pilota

D'altra banda, de referències d'esports a partir d'un pal i pilota no en falten en època antiga, així com només amb pilota. De fet, és ben fàcil agafar qualsevol pal que es tingui a mà i una merda seca, i apali!, ja tenim joc. D'entrada, som davant un cas semblant al de la separació entre el rugbi i el futbol, i fins a l'arribada de l'alta edat mitjana, si no ja a l'edat moderna, es fa difícil de diferenciar entre l'hoquei i el beisbol.

Les primeres pistes documentades sobre l'existència de jocs de l'estil "pilota i pal" són a l'antic Egipte. Una imatge de Tutmosis III (1.500 aC) en què sosté una branca amb una mà i una pilota a l'altra davant la mirada de la deessa Hathor ha estat interpretada com una prova de l'existència d'aquesta activitat, que es relaciona més amb rituals religiosos que no pas amb els esports. És clar que cal tenir imaginació per interpretar la imatge, i malpensar dels interessos per fomentar el turisme nord-americà cap a Egipte. Sobre les normes, com de costum, a part de saber-ne poc o res, podem imaginar que eren força variables, però les imatges delaten l'existència dels elements bàsics: la pilota i el bastó.

A partir d'aquí, si les normes eren jugar la pilota per l'aire (beisbol) o per terra (hoquei) seria de llarg debatre. El joc, sempre segons l'egiptòleg Peter Piccione, podria haver estat el Seker-Hemat (literalment "batejar la pilota") i si fos així, les referències escrites es remuntarien al 2.400 aC. La pilota representaria l'ull del déu-serp Apofis, de forma que quan al faraó no se li feia un *strike*, cosa que tractant-se d'una autoritat divina és de suposar que cap sacerdot s'atreviria a fer, aquest enviava el mal i el caos de tornada al Duat (l'inframón egipci) d'on havia sortit.

Posats a fer conjectures, podríem arriscar-nos a dir que, donat que la missió d'Apofis era carregar-se el Maat o ordre còsmic i lluitar contra la llum del dia, podria ben ser que enviar volant el més lluny possible la seva representació amb pilota fos un acte de protecció reservat als faraons. D'altra banda, per a la resta de simples mortals, intentar emular el seu faraó seria massa arriscat, i possiblement es conformaven a jugar al mateix, però arran de terra. Cal tenir en compte que com que a Apofis no se'l podia matar, calia controlar-lo perquè es mantingués l'equilibri. El cel quedava reservat per al faraó, representació de les divinitats a la terra. En posar-se vermellós al capvespre, indicava que Apofis havia estat ferit, travessat per les pilotes llançades pel faraó.

Transportat a dia d'avui, tindria gràcia que l'avantpassat tant de l'hoquei (més jugat a Europa) com del beisbol (practicat sobretot als Estats Units i el Japó), fos una dicotomia de poder.

Atletes 500 anys abans de Crist

El 1922 es va trobar a Grècia una escena en relleu sobre marbre, conservada al museu d'Atenes i datada entre el 510 i el 500 aC, en què s'hi veuen uns atletes practicant un joc que recorda a l'hoquei, possiblement el keretízein, en el que sembla una acció de servei o inici de joc.

Fins aquí, en resum, d'una banda tenim a Europa cultures que practiquen la circumval·lació, amb l'existència de jocs de pilota jugats amb pals a Grècia, Roma i l'Europa nòrdica de forma mitològica, i d'altra banda tenim les primeres civilitzacions que "jugaven" amb pilotes i pals dins cerimònies religioses, segurament als patis dels temples. Però en cap cas no hi ha constància de què correguessin cap a les bases.

Tornem ara a la història documentada. I hem de fer un salt a l'edat mitjana, on ja comencem a trobar referències a activitats que poden recordar als avantpassats comuns del cricket i el beisbol.

A Europa, comencem pel referent més allunyat de tots, a Islàndia. El *knattleikr*, joc de víkings, està documentat a les sagues de Grettir, les quals relaten fets ocorreguts entre els segles IX i XI, i foren redactades a partir de dos segles després. En aquest cas, ja es coneixen algunes normes com per exemple, que era un joc per equips, que es practicava amb pals i pilota, tot i que es podien utilitzar les mans. El contacte físic era permès, les conteses eren precedides per batalles d'insults, hi havia sancions i penals, i un partit podia durar hores i hores, el que calgués. Aquí s'intueix alguna cosa que podria ser ja beisbol, però també hoquei sobre gel, donat que els terrenys de joc islandesos són gelats. Fins i tot podria ser un mig camí semblant al joc gaèlic del Hurling irlandès actual o el Shinty escocès, ambdós d'una antiguitat datada d'abans de Jesucrist, relacionada amb l'arribada dels celtes a les illes.

La separació entre hoquei i beisbol

Podria ser que sobre els segles XI i XII, de forma lenta, s'anessin diferenciant l'hoquei i el beisbol, amb una gran diversitat geogràfica a causa de la poca mobilitat de la població. Segons el manuscrit de William Fitzstephen (biògraf i contemporani de Thomas Becket), a la seva descripció del Londres del segle XII: "els nens es trobaven per realitzar jocs de pilota als camps a les tardes". Al matí, feien baralles de galls. Seguim, però, sense saber si parlaríem de l'hoquei o del beisbol... fins i tot hi ha qui encara ho identifica amb el futbol.

Si cap a 1175 trobem aquestes referències escrites, a mitjan segle XIV es podien veure a uns vitralls de les catedrals de Canterbury i Gloucester dues figures pintades que representant jugadors: la de Gloucester té agafat el pal amb les dues mans com si fos un bat i estigués en posició de colpejar la bola. La de Canterbury és semblant.

En una imatge del Calendari de Ghistelles del segle XII s'hi veuen dos personatges, un sembla haver acabat de llançar la bola i l'altra està en actitud de donar-li un cop amb el bat. Una altra imatge de 1344, del codi d'Alexandre, molt famosa, mostra una colla de monjos i monges jugant al que sembla també beisbol. Cal ser prudent però a l'hora de fer afirmacions pel que fa al compromís de l'Església amb aquestes activitats, que més aviat seria poc. Així doncs, el que reflecteix la miniatura podria ser una sàtira. Això sí, al capdavall, recrea una situació coneguda, com també ho fa la miniatura dels micos, de la mateixa època, que també semblen jugar al beisbol. En cap cas, però, queda reflectida encara la deambulació per les bases, que reapareixerà sobtadament a continuació.

L'stoolball

El primer esport clarament antecedent del beisbol i el cricket serà l'*stoolball*, documentat a partir del segle XV. El joc consistia a llançar una bola (generalment de fems) amb la intenció de fer blanc en una soca o algun altre element, mentre un batedor s'interposava en la trajectòria per intentar refusar-la amb un bat. La tradició parla que van ser les lleteres les primeres a jugar amb la merda de les vaques utilitzant els seus tamborets com a Wicket, el suport contra el qual es llença la bola que actualment formen tres pals amb dues balises en equilibri al damunt. Més tard, apareix als relats com a joc de nens, però de seguida comencen a aparèixer notícies de partits entre adults amb les típiques apostes corresponents. Els anglesos aposten per tot. Aquest joc era originari del comtat de Sussex, al sud d'Anglaterra, i encara tardaria a expandir-se.

A partir d'aquí, ja no ens barallaríem per saber si es tracta d'hoquei o beisbol (per terra o per aire). Tenint més o menys clar el sistema, ara es tractaria de saber exactament quan es van separar els esports que avui coneixem com a criquet i beisbol. La referència escrita més antiga és del 1598, quan apareix citat el mot *creckett* com un joc que es jugava a l'escola de Guildford, al comtat veí de Surrey. És de suposar que fins i tot cada poble tingués la seva variant del joc. La primera referència de partits entre equips de diferents pobles és del 1624, quan el jugador Jasper Vinall va morir arran de les ferides produïdes a conseqüència d'un cop al cap durant un partit a Horsted Keynes, Sussex. El cop de bat li va donar Edward Tye, un company del seu poble, West Hoathly, en un segon intent de colpejar la pilota per evitar ser eliminat. L'incident es va tornar a repetir anys després, amb el resultat d'un altre mort. A causa d'aquests fets, l'any 1744 es van introduir les primeres normes conegudes sobre el criquet.

Amb el pas dels segles entre finals del XV al començament del XVII, durant l'època dels Tudor, les referències als jocs de pilota i pal es multipliquen. Els Estatuts de Galway d'Irlanda fan referència a un joc anomenat "stickes hockie". Durant aquest període, trobem normes que ens poden resultar familiars: els batedors són eliminats a les tres errades. Originalment, a les bases es corria en el sentit contrari a l'actual, jugaven homes i dones barrejats i mantenia el seu caràcter cerimonial en considerar-se una mena de ritual de benvinguda a la primavera que es jugava abans de la Pasqua. En el fet de jugar amb fems, molts hi veuen una reminiscència dels cultes a la fertilitat dels camps i no hi falten referències literàries, fins i tot del mateix coetani Shakespeare, que utilitzava l'expressió de "bola de fems", jugant amb la paraula "stool" com a símil per a relacions sexuals.

Apareix durant aquesta època un altre joc anomenat ja directament *rounders*. Es veu que no n'hi havia prou amb definir-lo només com a "pilota i pal" i s'introduí el terme "rounders", que es veu que feia referència als punts aconseguits. Es coneix que els punts s'aconseguien en fer una volta després de passar per quatre bases. Durant l'època posterior als Tudor varen aparèixer els jugadors professionals i a Sussex, l'any 1697, ja hi ha referències de l'existència d'onze jugadors per equip, un número que havia oscil·lat al voltant dels nou jugadors fins llavors.

Paral·lelament, a altres bandes del món s'havien anat desenvolupant, de forma independent, alguns exemples de jocs semblants com seria el *palín*, practicat pels indígenes maputxes al sud de l'actual Xile i documentat a partir del segle XVI, tot i que segurament molt anterior. Com sempre, era una activitat a mig camí entre el joc i la religiositat. Aquest joc tractava de fer arribar la bola el més lluny possible, i es podia transportar amb el pal tant per l'aire com per terra. El joc va ser documentat per viatgers de l'època, donat que els maputxes van oferir tenaç resistència a la colonització castellana, de forma que encara avui són una minoria ètnica a Xile. A la Xina i Mongòlia s'hi practicava el *beikou*, una versió pobra del polo, que es practicava a peu.

A la Castella del segle XV existia la *chueca*, a vegades confós amb el palín per això del colonialisme, que podria ser una variant de beisbol tot i que no feien servir pilota. Consistia a emprar dos pals, un de curt afilat per les vores que feia de bola, i un de llarg emprat pel jugador. El pal petit es situava a terra, el jugador picava amb força un dels extrems amb el bat pel enlairar-lo i quan estava suspès en l'aire el picava amb tota la força que podia per enviar-lo tan lluny com fos possible mentre l'altre equip intentava interceptar el llançament amb l'objectiu d'entrar ells a batejar.

Apareix el beisbol

Però seria novament a Anglaterra on apareixeria per primer cop la paraula "base-ball". El 1744, John Newbery, un reputat pare de l'ensenyament per a infants, escrigué un llibre per als primers ensenyaments, com per exemple cançonetes per aprendre's les lletres de l'abecedari que incloïa jocs, també a l'aire lliure, tota una revolució per a l'època. D'entre activitats com fer una rotllana o pescar, s'enumeren tres jocs que són, per ordre d'aparició: el "cricket", l'"stool-ball" (entre ells s'hi esmenta la natació) i el "base-ball". Totes les entrades tenen una breu instrucció del joc i un missatge moralitzant. La del beisbol fa referència a una volta una mica més gran: "els mariners, per lucrar-se viatgen per l'oceà, però amb plaer retornen amb la mercaderia".

D'Anglaterra, via Països Baixos i en plena efervescència continental del joc, els colons britànics del Mayflower convertirien l'"stoole-ball" en el primer joc d'aquest tipus de pal i pilota jugat a Amèrica del nord, que se'n té constància. A Plymouth, el Nadal del 1621, any de l'arribada dels primers colons puritans, els colons organitzaren un partit. El primer governador William Bradford en deixà testimoni en l'anomenat Of Plymouth Plantation, un diari dels primers anys de la desastrosa vida dels colons. Els puritans tenien prohibits els jocs… però no aquest.

La història posterior és més coneguda, el 1845 es creà el primer club del món de beisbol a Nova York, i a partir d'aquí, gorreta i crispetes.

Curiosament, a principis de segle XX Finlàndia va haver d'importar el beisbol d'Amèrica per crear un joc, el *pesäpallo*, amb la intenció de recuperar els antics jocs mig oblidats de pilota amb pal que s'havien jugat al país. Els europeus ens podem apuntar encara un altre punt pel que fa al beisbol, i és que les primeres normes contemporànies van ser redactades per l'alemany Johann Guts Muths, amb un nom prou descriptiu: "English base-ball". Era el 1796.

Les comparacions sempre són odioses

Un dels errors típics molt utilitzat pel sensacionalisme pseudohistòric és intentar comparar esportistes de diferents èpoques per veure "qui hauria estat millor". És un paradigma sense possible solució ni resposta, derivada de l'ànsia competitiva amb què actualment es llegeix l'esport. Mai no sabrem si un nedador de mitjans del segle XIX o d'inicis del segle XX podria haver guanyat Michael Phelps, en cas que s'hagués pogut alimentar com ell, viscut com ell, vestit com ell i relacionar-se amb altres persones (inclosos entrenadors o aficionats) com ell. Les comparacions són tan il·lògiques com voler saber qui guanyaria en una cursa entre una quadriga i un Fòrmula 1. Potser una primera lectura faria dir que el Formula 1 seria més ràpid, sí... però a qui se li acabaria abans la benzina?

El jeu de paume

El joc dels reis, i el rei dels jocs

Autor: Eugeni Junyent

La quarta norma de la Federació Internacional de Tenis parla de la raqueta. Aquesta no pot excedir els 73,7 cm de llarg i els 31,7 d'ample. Com és lògic, és omnipresent a la iconografia tenística, com la pilota al futbol o els esquís als esports de neu. Els esports de raqueta actuals, però, són hereus d'una pràctica medieval que inicialment es jugava amb la mà, com es fa encara a la pilota basca. De fet, la raqueta no apareixeria fins al segle XVI, cinc segles més tard de l'aparició a França del *jeu de paume* o joc de palmell, de la mà, és clar. Tot colpejant la pilota amb la mà, els participants la feien passar alternativament per sobre d'una zona neutra, on no podia caure, o d'una corda situada entre els dos equips. A la mateixa època i per evitar discussions, de la corda hi penjaven uns fils i un segle més tard, va ser substituïda per una xarxa a una alçada de 92 cm al centre i a 1,5 m als extrems.

Sembla que l'origen del joc caldria cercar-lo entre el clergat. Els monjos, per fer exercici, començarien la pràctica de fer picar una pilota amb la paret o a terra, seguramente als claustres. Una prova irrefutable es donà el 1245, quan l'arquebisbe de Rouen va prohibir als religiosos de jugar a la pilota en públic, i encara menys amb els laics!

A absència de raqueta, l'element primordial del joc era la pilota. Feta amb pell d'ovella, era una peça molt buscada, sobretot perquè el joc aviat arrelà en tots els ambients, també els benestants, de la capital i del país sencer. A finals del segle XIII, hi havia tretze artesans parisencs que les fabricaven i la demanda era tan gran, que fins i tot s'arribà a prohibir-ne l'exportació, encara que fossin peces usades. Era molt difícil trobar pilotes del joc fora de París, i no cal dir que el mercat negre de ben segur que en treia les palles llargues.

Cap al segle XV es documenten les primeres proteccions a la mà, siguin guants o cordes que embolicaven el palmell. Al segle XVIII arribaren les primeres pilotes de cautxú, que milloraven el bot.

Joc social

El *jeu de paume* permet el joc de diverses variants, des de la partida en què s'enfrontaven dos contrincants de manera individual, fins a equips de dos, tres o quatre jugadors a cada banda de la corda.

L'activitat tenia un caire que avui definiríem com eminentment social, ja que en absència de la figura de l'àrbitre, eren els mateixos espectadors els qui acabaven decidint la validesa de les jugades. Els jugadors acceptaven «de bon grat» els designis del «respectable», ja que una de les normes era no enfadar-se. Seguint amb l'estil absolutament «polite» de l'activitat, una altra norma obligava a rentar i canviar-se la samarreta després de cada joc. De ben segur que l'obligatorietat dels tenistes de vestir de color blanc, vigent fins fa uns anys, pot tenir les seves arrels en aquest costum. Per contra, l'existència d'aquesta norma fa evident que els jugadors acabaven els partits prou bruts, de manera que s'endevina una activitat intensa seguint la pilota. No cal dir que, en aquest ambient de correcció, en cas d'indisposició d'algun dels participants, el partit s'aturava.

Arriba la raqueta

El primer esment de l'existència d'una cosa semblant a una raqueta és d'inicis del segle XVI. Ja feia més de dos segles que els jugadors es deixaven la mà picant la pilota de pell d'ovella. Ja en aquell moment, hi havia tot un univers entorn del joc que donava negoci a una colla de professions que s'havien afegit als artesans de les pilotes, com els mestres, aprenents i és clar, els fabricants de raquetes, que feien la seva tasca a partir d'un marc de fusta i unes cordes de cànem i budells. L'expansió del joc era tal, que fins i tot va batejar un pentinat i les dames es recollien el cabell amb una xarxa en l'anomenat "pentinat de la raqueta".

Hi hagué però un *impasse* entre picar la pilota amb la mà i ferho amb una raqueta. Aquest interval fou protagonitzat per la pala de fusta. Així i tot, la pràctica amb la mà no desaparegué, sinó que convisqué amb el joc amb pala i raqueta.

A inicis del segle XVII, un anglès, Sir Robert Dallington, afirmava despectivament en un article que «els francesos neixen amb una raqueta a la mà», i en una mostra del tradicional bon veïnatge a banda i banda del pas de Calais, expressava el seu desacord amb el fet, segurament exagerat, que a França hi havia més sales de *jeu* que esglésies.

El joc dels reis

Considerat «el rei dels jocs, i el joc dels reis», el *jeu* va fer-se un lloc destacat entre les classes altes, i fins i tot la monarquia hi entrava en escena. Hi ha constància d'una colla de monarques que el practicaren, entre ells Lluís X, Carles VIII, Felip de Castella, Francesc I, Enric II, Carles IX, Enric IV... Està clar que si ara es fan negocis als caps de golf i a la llotja d'algun estadi de Madrid, a partir del segle XVI, calia jugar al *jeu de paume* per tenir possibilitats socials a França.

Lluís X, el primer rei de qui hi ha notícies que practiqués el joc de la pilota, va morir precisament mentre hi jugava l'any 1316 al castell de Vicennes. El monarca estava acalorat pel joc i va beure vi molt fred, cosa que el va fer emmalaltir d'una pneumònia que acabaria essent mortal.

No va ser però l'única desgràcia reial al voltant d'aquesta pràctica, ja que el 7 d'abril del 1498, mentre es dirigia cap a una partida amb la seva esposa, Carles VIII va tenir un accident, potser per les presses. Es va donar un fort cop al cap que, al cap d'unes hores, li provocà un desmai del qual mai va despertar.

I encara el joc de la pilota va estar present al decés de Felip el Bell de Castella. El jove, de vint-i-quatre anys, també morí en beure aigua freda durant un partit molt intens a Burgos el 1506. L'edat del rei i la mort sobtada van fer parlar d'un enverinament que de fet, no es va aclarir mai. Es dona la coincidència que Felip havia provat de prohibir, sense èxit, la pràctica del *jeu* als seus soldats. Els distreia de la seva tasca.

Sales de joc

La raqueta va fer doncs esclatar encara més la pràctica d'aquest esport a França. Si bé fins llavors s'havia practicat a l'aire lliure, el joc passà a dividir-se entre la modalitat del *longue paume* o palma llarga, que seguiria a l'aire lliure, i el *courte paume* o palma curta, que es començaria a practicar en espais tancats.

L'indret per excel·lència per jugar a la palma llarga eren els Camps Elisis, mentre que els tripots o sales de joc començaren a proliferar arreu a partir del segle XIV. Aquests espais allargats foren cada vegada més nombrosos fins que a finals del segle XVI, se'n comptaven fins a dos-cents cinquanta només a París, que llavors tenia uns tres-cents mil habitants. Només la rue Mazarine n'allotjava mitja dotzena. Altres ciutats comptaven també amb desenes de sales, com el cas de la quarantena de tripots d'Orléans o les disset que hi havia a Bourdeus, ja al segle XVII.

Malgrat que en temps del Rei Sol l'èxit del joc ja anava de baixada, aquest feu construir una sala al palau de Versailles. De fet, ell no hi jugava i el nombre de sales a París havia descendit a la meitat, però era una qüestió d'imatge i el fet que el mateix rei entrés a participar del formalisme de tenir una sala de joc encara que no pensés jugar-hi, mostra la importància que assolí el jeu.

Avui dia encara podem gaudir d'una d'aquestes sales, tot i que fa més d'un segle que fou reconvertida en un museu. Napoleó III feu construir al jardí de les Tuilleries l'edifici que encara gaudeix

Gravat del segle XVI que representa una partida de jeu en un tripot. (Domini públic, wikimedia https://commons.wikimedia.org/wiki/File:Joueurs_de_paume_au_XIVe_si%C3%A8cle.jpg)

del seu nom original, *Galerie nationale du Jeu de Paume* que des del 1909, és un dels molts museus de la capital francesa.

Quan les construccions de l'exposició del 1855 van fer difícil la pràctica del *longe paume* als Camps Elisis, el mateix Napoleó III va adaptar un terreny als jardins de Luxemburg en una franja d'una amplada d'entre 12 i 14 m i una llargada mínima de 46 i que avui dia encara existeix. Precisament amb motiu de l'exposició, es va organitzar un campionat amb més de trenta equips, que va estrenar el nou emplaçament.

Els jugadors, però, estaven farts d'haver de vestir-se en una habitació llogada en un edifici proper al parc de Luxemburg. Mentre anaven a la pista, havien de suportar les conyes dels passavolants que els veiem com uns bufons. Les seves queixes van tenir premi i el 1870, s'hi construí un quiosc que faria la funció de vestidor.

Vessant social, i revolucionari

Segurament, quan Napoleó III ordenà la construcció de la Galerie Nationale, tenia present un dels moments clau en la història de França que havia tingut com a escenari una sala de *jeu de paume*. Un fet clau a l'inici de la Revolució fou l'anomenat jurament del joc de la pilota. Fins al moment, els Estats Generals que regien el país estaven compostos per tres braços, el rei, la noblesa i el Tercer Estat o aquells que no gaudien dels privilegis dels nobles. Cada braç tenia un vot i per trencar la impossibilitat de canvis, els membres del Tercer Estat s'havien reunit a la s*alle des Menus Plaisirs*, a Versailles, on normalment es reunien els Estats Generals. Volien constituir l'Assemblea General i aconseguir que cada participant tingués un vot per així possibilitar abolir l'absolutisme. Davant la clausura d'aquest espai per part de Lluís XVI, el 20 de juny de 1789 es reuniren precisament a la poc usada sala de *jeu de paume de Versailles*. Segurament, els assistents no coneixien la funesta relació entre el joc i la monarquia al llarg dels segles, o potser sí. El cas és que allà hi tingué lloc el jurament de no dissoldre l'Assemblea fins que no s'assolís una Constitució per al poble. Al cap d'uns dies, el rei acceptà que els altres dos braços s'hi unissin, en una única cambra. Aquest fet canviaria per sempre l'equilibri de forces.

El simbolisme del jurament ha esdevingut tant o més important que l'assalt a la Bastilla que tindria lloc al cap de tres setmanes. S'havia posat les bases per a la fi de l'Antic Règim i seria commemorat anualment.

Pervivència a l'altra banda del canal

A Sir Robert Dallington no li hauria fet massa gràcia veure que, al cap d'un parell de segles de les seves paraules, i en plena davallada del *jeu* a França, aquest creuà el mar del nord i seguí actiu gràcies a la bona acollida que tingué tant a Gran Bretanya com, més tard, als Estats Units.

Així doncs, a mesura que es tancaven sales a França se n'obrien a la Gran Bretanya. El rei Enric VIII en seria un dels artífexs, i després de la seva mort se seguiren construint instal·lacions com la de Hampton Court, encara dempeus. Fins i tot el 1908, el *jeu de paume* va ser designat un dels esports en competició als Jocs Olímpics, celebrats a Londres. Les Competicions s'ubicaren al Queen's Club. Curiosament, en l'única ocasió en què aquest esport, d'origen francès, ha estat olímpic ha estat doncs a la Gran Bretanya, i amb el nord-americà Jay Gould II com a primer classificat i or olímpic.

Encara avui es juga, sobretot en interiors. A la Gran Bretanya l'anomenen Real Tennis, i als Estats Units rep el nom de Court Tennis. Són termes per diferenciar-lo del tenis de Björn Borg i Federer La pilota és sòlida, feta a mà, i les raquetes tenen el marc de fusta amb una lleugera desviació respecte a l'eix del mànec, de manera que no són simètriques.

Pel que fa al *longue paume*, després que el 1740 tingués lloc el primer campionat del món a Fontainebleau, aquest no s'ha deixat mai de celebrar i el primer diumenge de setembre es juga la Copa de París als jardins de Luxemburg. De fet, cada dia poden veure's practicants de la palma llarga en aquests jardins, on hi ha un espai dedicat. També hi ha jugadors a Pau, Bourdeus, a Euskal Herria, on es juga als edificis dels frontons, i fins a uns vuit mil practicants arreu del món.

L'esport en època contemporània

Estadi panatenaic d'Atenes, construït el 330 aC. Fou restaurat per a acollir les cerimònies d'obertura i cloenda dels primers jocs de l'època moderna, l'any 1896 (Pixabay, CC0 Creative Commons)

És amb l'aparició del discurs de l'esport com a element socialitzador quan l'ensenyament i les institucions de poder es fan seu el discurs. Amb les escoles nacionals d'esport arriba un nou conflicte dual en el contacte amb altres societats amb valors encara tradicionals, ja que aquests valors poden ser per igual tant un focus d'irradiació d'identitat com de conflictes.

A partir de les revolucions, francesa i industrial, les classes baixes, transformades en obreres, comencen també una lluita pel temps d'oci, sense el qual no hi ha espai per a l'esport. Paral·lelament, sorgeix la necessitat per part de les classes dirigents de controlar aquest nou espai de temps que mou masses.

En època contemporània, a banda de recuperar els esports per equips, esdevé el gran canvi, l'econòmic. L'esport, que ja en època clàssica s'havia orientat cap a l'espectacle, amb l'aparició dels equipaments específics per a la seva pràctica, ara esdevindrà també un focus mercantilista de primer ordre. Ja no només es competirà per tenir els millors atletes, o equips, sinó per l'organització dels esdeveniments, els millors equipaments o les millors localitzacions.

Amb la millora de les comunicacions, els equilibris geogràfics amb els corresponents interessos polítics també modificaran la concepció de l'esport fins al punt d'iniciar-se competicions internacionals, realment d'abast mundial. Aquesta internacionalització comportarà també una homogeneïtzació, conseqüència de l'estandardització de les normes, que al seu torn ha afavorit l'aculturació. Tant és així, que una de les majors disputes actualment a l'entorn dels esports són els drets d'emissió i la publicitat, per les franges horàries i la immediatesa en l'espectacle.

De rebot, pel que fa als esportistes, ja no importa tant la salut de qui el practica, central a l'època moderna o el benestar de la persona com els indicadors quantitatius. Ara importen les dècimes de segon de menys al rècord, els centímetres de més al salt, la volta més ràpida, el nombre de partits sense perdre o els minuts de possessió de la pilota. Els esportistes, ja professionalitzats, són mesurats pel seu rendiment: nombre de punts o gols, partits jugats... l'estadística ha superat als criteris d'honor, valor o simplement de bellesa estètica.

Aquesta és la realitat fins a tal punt que es destaca que esports com el rugbi encara tinguin en compte aquests valors, malgrat les bufes que s'hi reparteixen. És més, l'àrbitre Nigel Owens va crear un escàndol durant el partit entre les seleccions d'Escòcia i Sud-àfrica l'any 2015 quan, davant la simulació d'una falta per part d'un jugador li va dir que: "si volia fer teatre que tornés al cap de dues setmanes a jugar", fent referència al partit que jugaria el Newcastle. Ras i curt, que per fingir, es dediqués al futbol.

Vist l'èxit que tenen els centres esportius, així com el nombre creixent de gent a Occident que corre i practica d'altres activitats quotidianes com anar en bicicleta, sembla que a més de l'esport professionalitzador, també persisteix una voluntat de mantenir la pràctica esportiva a un nivell més popular. La individualització, però, de la nostra societat, així com el creixement d'un àmbit urbà poc amable fa que sigui difícil practicar esports d'equip en aquest entorn, fora de l'àmbit institucional.

Què en queda de tot això anteriorment vist? Militarista o no, avui l'esport no deixa de ser un acte d'exaltació al cos que concentra els esforços "dels teus" contra "els altres". En la seva essència, concentra tot allò que durant segles hem anat covant, desenvolupant o prohibint: violència (en genera tanta com n'apaivaga), identitat (uneix tant els qui l'exerceixen com els qui l'observen), joc (es fa a qualsevol nivell, professional o aficionat) i espectacle (universal, dels pocs àmbits on les senyes nacionals poden ser contraposades sense generar grans conflictes). La pràctica esportiva ha seguit una progressió en el seu desenvolupament social en paral·lel al de la institucionalització i la creació de societats estatals complexes, també anomenades societats industrials.

Actualment, la història no s'ha aturat pas. Sorgeixen noves activitats físiques que s'anomenen esport, la principal qualitat de les quals és afegir risc a l'activitat. Actualment, estem vivint una estandardització d'aquests esports, en els quals encara podem trobar enorme quantitat de modalitats i variants: surfing, skating, ponting... i tots els esports de velocitat també entrarien en aquesta categoria.

El segle XX també veurà néixer tota una altra gamma d'esports, els d'hivern. Les primeres olimpíades d'hivern van ser el 1924. I el gran salt el varen constituir les quartes, de les quals no se'n parla gaire, o almenys no tant com de la seva homòloga d'estiu, a l'Alemanya nazi del 1936. El salt tecnològic, i de recursos i inversió en equipaments, també afavorirà el salt quantitatiu i qualitatiu pel que fa als esports d'aigua. El submarinisme, moltes variants de la natació i tots els derivats executats en piscines veuran com creixen els seus practicants durant el segle XX, tot i que alguns ja es practiquessin durant el segle XIX. Pel que fa a les especialitats a mar oberta, també la tecnologia i l'obsessió pel rècord va afavorir les modalitats de llarga travessia i de dificultat extrema.

Així mateix, les millores tecnològiques han ajudat les científiques, i aquestes han comportat millores en l'alimentació i els sistemes d'entrenament, per exemple amb la mecanització dels exercicis. Aquests elements han afavorit la consecució de nous reptes, així com la normalització de nous esports com l'alpinisme, amb l'assoliment de rècords en arribar a pujar a fer *vuitmils* i en general l'aclimatació a situacions ambientals extremes.

L'origen militar de la gimnàstica

L'esport més subversiu

Autor: Cèsar Sànchez

Veient aquests gimnastes joves com es dobleguen, juguen amb una "cinteta" o una "piloteta" i fan salts acrobàtics, ningú no diria que en realitat l'origen de l'entrenament de les disciplines gimnàstiques, tal com les coneixem avui en dia, es troba a l'entorn militar. El seu origen es remunta a les guerres alemanyes d'alliberament contra l'ocupació napoleònica, essent una pràctica que arrelaria entre els progressistes prussians. Seria a finals del segle XVIII que es recuperaria la idea de la gimnàstica, rescatada de la Grècia i Roma, clàssiques, però unida a una mentalitat no només de desenvolupar el físic, sinó també la ment, com a forma de millorar l'esperit. Durant tota l'edat moderna, la gimnàstica havia estat ignorada, apartada completament de l'ensenyament per l'església i practicant-se únicament entre la noblesa, com el cas de l'esgrima. L'esclat de la gimnàstica es donaria al segle XIX gràcies als filantrops hereus de la il·lustració, tot conformant una de les bases socials de la unificació alemanya. Des de Prússia i Saxònia, passant a Suècia, Anglaterra i finalment als Estats Units de la mà dels immigrants, la gimnàstica acabaria arribant a tot el món al començament de segle XX. Aquests "filantrops", tenien el seu origen en el nom de l'escola de Dessau, a la Saxònia-Anhalt, anomenada Philanthropinum. Una escola que encara existeix.

El 1794, al poble de Turíngia de Schnepfenthal (a tocar pel sud de Saxònia-Anhalt), un d'aquests filantrops, el pastor protestant Christian Gotthilf Salzmann, va fundar una escola benèfica per a ensenyament primari, la Salzmannschule. L'escola també existeix encara, i és un institut d'idiomes. Salzmann volia aplicar sistemes pedagògics més avançats, que incloïen la gimnàstica com a novetat. L'any següent arribaria l'encarregat de portar a terme la implantació de la gimnàstica com a model escolar, el considerat cofundador de la disciplina: Johann Christoph Friedrich Guts Muths. Muths havia estat seguidor d'Ernst Christian Trapp, impulsor de la filantropia i de l'ensenyament d'idiomes, primer professor universitari en obtenir una càtedra de pedagogia a la universitat degana del protestantisme, la Martin-Luther-Universität Halle-Wittenberg, coneguda popularment com la Halle. Muths es traslladà a la Salzmannschule, on hi estaria fins a la seva mort impartint formació, relacionant la gimnàstica amb altres disciplines com caminar, la jardineria o l'artesania.

D'entre els molts mèrits de Muths (o també anomenat Gutsmuths) hi ha el d'haver escrit el primer manual de l'exercici físic que a més, combinaria teoria i pràctica. El llibre, anomenat clarificadorament "Gimnàstica per a la joventut", en la seva segona edició de 1804 inclouria ja exercicis militars amb el fusell i també de marxa. El mateix 1804 s'estava gestant la desfeta de la Tercera Coalició contra Napoleó que acabaria el 1806, després de la batalla d'Austerlitz, amb la quitança del Sacre Imperi i la creació de l'estat satèl·lit la "Confederació del Rin" per part de Napoleó. En la següent coalició, la quarta, Saxònia i Prússia s'afegiren a Rússia, en substitució de l'Àustria derrotada, i aquí s'hi van veure embolicats els nostres protagonistes. Les tendències més progressistes, inicialment fins i tot simpatitzants de la revolució, ja advertien de l'encarcarament burocràtic prussià i que enfrontar-se a Napoleó seria un desastre, i així va ser. A la batalla de Jena, a mitjans d'octubre, la desfeta de la Quarta Coalició va ser total i pocs dies després, Napoleó entrava a Berlín sense oposició. Tota l'actual Alemanya estava ja sota control dels ocupants francesos.

Retrat de Fiedrich Ludwig Jahn (Wikimedia, domini públic)

Sota aquesta ocupació, el 1807 es conegueren Muths i l'altra gran protagonista de la gimnàstica, el fundador del Moviment Gimnàstic Friedrich Ludwig Jahn, també anomenat afectuosament Jahn o Turnvater (pare de la gimnàstica "Turn", que és el terme que encara avui dia fa referència a la gimnàstica als països anglosaxons, i significa "torns"). De fet, Turnvater és qui és considerat el gran creador de la disciplina. Nascut a l'estat de Brandenburg, és a dir, prussià i fill de pastors protestants, pels alemanys no només és el pare de la gimnàstica, sinó d'un dels pares de la pàtria. I és que Turnvater va ser un líder dels moviments d'alliberament (contra els francesos) i més tard, dels moviments lliberals que s'enfrontarien al retrògrad Congrés de Viena (1815).

En Turnvater el nacionalisme, és a dir, la voluntat d'unificació alemanya, el liberalisme (que a mitjans segle XIX esdevindria democràcia) i la gimnàstica van ser una mateixa cosa. Ja el 1810, junt amb una desena d'amics més, va fundar l'associació secreta i clandestina "Confederació Alemanya", amb l'objectiu de promoure l'alliberament i la posterior unificació. Era la plasmació de l'ideal publicat al mateix any al llibre "Deutsches Wolksthum". Els membres feien demostracions públiques de gimnàstica. Per a Turnvater, la pràctica d'aquest esport a l'aire lliure era una condició indestriable, pel que a les instruccions de Muths va incloure la natació i el senderisme. D'entre els seus alumnes, sortiren els primers líders de les posteriors associacions d'estudiants, feus de les revolucions liberals europees dels anys 30 i 40 del segle XIX a Alemanya. Els exercicis gimnàstics desenvolupats per Turnvater Jahn estaven pensats, doncs, per a l'ensinistrament militar inicialment per a l'alliberament i després de l'èxit en la batalla de Leipzig (1813), per a les bases revolucionàries. A Leipzig, Turnvater Jahn va comandar les tropes dels Cossos Lliures Lützow, que participaren, i molt, en l'alliberament del jou francès.

Després de ser fundada la primera Associació d'Estudiants a Jena el 1815 (com a record per la batalla perduda contra Napoleó), Turnvater Jahn va escriure el llibre que el fa el pare de la Gimnàstica contemporània: "La cultura gimnàstica alemanya", on descriu des de la indumentària fins als aparells (les anelles, les barres paral·leles i la fixa o el poltre) passant per les disciplines, les normes de conducta i els sistemes d'escalfament i estiraments. Tot. Seria la bíblia dels gimnastes. A partir d'aquí, sobretot després dels lamentables Decrets de Karlsbad, la persecució sobre les organitzacions es va accentuar. Molts gimnastes van haver de marxar a l'exili,

Turnerkreuz o creu gímnica (Wikimedia, domini públic)

portant amb ells els coneixements i expandint la disciplina arreu del món. Mentre això passava, l'any 1817 Muths publicaria encara un altre llibre "Llibre de gimnàstica per als fills de la pàtria", que cal interpretar en aquest context.

El 1819, el mateix Turnvater va entrar a presó per passar-hi cinc anys, i encara després va estar sota vigilància policial. Quan va sortir-ne, el moviment gimnàstic havia passat dels onze amics de 1810, amb la fundació del primer gimnàs a Berlín Hasenheide, a desenes de milers arreu de tots els territoris germànics. Era un moviment imparable, per molta ràbia que li fes al sistema de Metternich.

Durant la dècada de 1840-50, la gimnàstica va passar a ser una disciplina oficial ensenyada a les escoles i Turnvater Jahn participà, ja com un heroi popular en vida, en el Parlament de Frankfurt que aprovà la primera Constitució Democràtica d'Alemanya. Al cap de poc , el 1852, va morir. Després de la seva defunció, política (unificació alemanya) i gimnàstica van seguir de la mà. Així per exemple, en el 50è aniversari de la creació de l'entitat secreta "Confederació Germànica" s'impulsà el monument commemoratiu a Turnvater Jahn, on hi ha plaques de la fundació de molts clubs d'arreu del món, i s'inicià la Festa de la Gimnàstica que encara avui en dia se celebra. Pocs anys més tard, el 1868, es creà l'Associació Alemanya de Gimnàstica i finalment el 1871 es proclamava la unificació d'Alemanya a Versailles.

França, després de l'ocupació de mig continent, no va poder tampoc ignorar un moviment social revolucionari com la gimnàstica. I precisament fou un valencià, afrancesat, qui la va introduir al país gal. Francesc Amorós i Ondeano (València 1770), no només va fer això sinó que és considerat l'introductor de la música en la disciplina. Evidentment, inicialment era música militar.

Amorós, es va inspirar en les idees pedagògiques de Johann Heinrich Pestalozzi, qui al seu torn, ho estava, com Christian Gotthilf Salzmann, per la filosofia de Rousseau. Roda el món i torna al born. Al Principat, durant la dècada de 1860-70, sobretot arran la revolució de 1868, arribarien els primers gimnasos, essent de fet, un dels primers esports arribats al nostre país de la mà dels militars a començament del segle XIX.

El desafiament Oxford-Cambridge

Les regates de la Segona Guerra Mundial

Autor: Cèsar Sànchez

Gravat de la cursa del 1841 (Francis William Topham, Wikimedia, domini públic)

Cambridge i Oxford, Oxford i Cambridge, les dues millors universitats anglosaxones, mantenen una sana competència des de sempre. Segons la tradició, Cambridge va ser fundada per fugitius d'Oxford, que seria la universitat més antiga. Possiblement al segle XI ja existissin alguna mena d'estudis a Oxford, mentre que Cambridge té com a data fundacional el 1231. Un dels duels més sonats entre aquestes dues universitats va començar el 1829, quan dos amics, Charles Wordsworth (creador també del duel entre ambdues universitats mitjançant un partit de cricket, i que va arribar a ser bisbe) i Charles Merivale (historiador de la Roma antiga) van reptar-se a una cursa de rems pel Tàmesi. Tots dos eren amics d'infància, i quan van anar a la universitat, Wordsworth anà a parar a Oxford i Merivale a Cambridge. Des de les seves respectives posicions mantingueren les ànsies de competició fins a convertir el seu *pique* particular en una qüestió d'honor pels respectius centres. Des de llavors, a cada edició, el perdedor ha de reptar l'any següent al guanyador.

El 10 de juny de 1829, doncs, se celebrà per primera vegada al Tàmesi, al seu pas per Londres, un dels esdeveniments esportius més seguits a Anglaterra cada any per primavera; una de les regates més famoses del món on només hi participen dos equips: la Regata Oxford-Cambridge. Sempre amb els mateixos protagonistes: els esportistes de les universitats de Cambridge i Oxford. La primera edició, per cert, la guanyà Oxford.

Des de 1927 les dones també participen en una cursa de remeres a part, que inicialment es feia a una altra zona del riu, a Isis. Tot i que va ser suspesa temporalment perquè mai es va creure que fos "un esport adient per a dones", l'any 1977 es va tornar celebrar. No va ser fins al 4 d'abril de 1981 quan Sue Brown es convertí en la primera timonera d'un equip masculí, el d'Oxford novament, per cert guanyant aquell any i el següent. Cambridge no introduiria una dona als seus equips fins quatre anys després. El timoner, (*cox* en anglès) és molt més que la persona que està allà a l'extrem de la barca decidint si es fa dreta o esquerra, que ja déu-n'hi-do. Marca també el ritme dels remers, dona les ordres i vindria a ser el capità del bot durant la cursa i, en absència de l'entrenador oficial, si és que no és la mateixa persona, és qui entrena l'equip. De llavors ençà, moltes dones han estat *cox* dels equips d'homes d'ambdues universitats. Tradicionalment, el *cox* de l'equip guanyador és també la persona que va a parar a l'aigua amb tot l'equipament posat llançat per la seva tripulació, i ni les dones se salven de la remullada.

L'esdeveniment es retransmet per televisió a tot el món amb audiències de rècord i les vores i els ponts del Tàmesi són sempre plens a vessar d'espectadors. Des de 1856 que se celebra cada any de forma fixa, les normes i les incorporacions tecnològiques s'hi han anat introduint de mica en mica: el 1846 es van incorporar estabilitzadors a les barques; el 1873 els seients esllavissants; el 1902 Oxford inclogué els suports mòbils per als rems (però perdé la cursa igualment) i finalment, Oxford innovaria novament el 1977 incorporant el plàstic als bots.

El fet de ser només dos participants no treu que hi hagi enceses de discussions per decisions arbitrals més que polèmiques, com la que s'arrossega des de l'estrany (i únic) empat produït el 1877. De fet, si es compten les curses oficials, el marcador actual és d'Oxford 78 - Cambridge 81, que fan 159, malgrat que el nombre total de curses és de 160. Aquell any el jutge era un cec d'un ull, tenia més de setanta anys i era un gran aficionat a aixecar el colze.

Per més *inri*, segons la tradició, es va quedar borratxo adormit sota un arbre al mateix moment que acabava la regata, molt disputada. La impossibilitat de poder decidir qui havia estat el guanyador va comportar l'estranya decisió de l'empat, malgrat que la història popular adjudica al jutge frases en despertar-se sobtadament de l'estil: "empat per a Oxford per sis peus". Una altra decisió arbitral coneguda va afectar l'actor Hugh Laurie (conegut pel seu paper a la sèrie de Dr.House), que hi va participar l'any 1980. Va perdre per poc a causa d'una decisió arbitral, que va decidir que les tripulacions s'havien tocat amb els rems i Oxford, aquesta vegada, va sortir-hi guanyant. De vegades, les tripulacions no arriben a acabar la cursa, com el cas de l'any 1912, quan totes dues tripulacions es van enfonsar i el 1925, quan només Oxford va naufragar, i la victòria va ser, lògicament, per Cambridge.

Aquest esdeveniment sempre s'ha celebrat, passés el que passés, excepte durant les dues guerres mundials, almenys oficialment. Extraoficialment, la qüestió de l'honor pesa molt per als anglesos, pel que en realitat sí que es van acabar celebrant curses els anys de la Segona Guerra Mundial... tot i que no van pujar al comptador oficial.

La Segona Guerra Mundial

La vida quotidiana anglesa quedava alterada pel conflicte, però el fet que cap exèrcit nazi trepitgés sol britànic va deixar marge per intentar, sempre dins les possibilitats, una mica de "normalitat" ja fos per pujar la moral de la rereguarda o simplement per fer més

Aquestes misterioses pilones que hom pot trobar quan passeja a Londres a la vora del Tàmesi marquen diferents punts de la cursa. En aquest cas UBR vol dir: "University Boat Race ", marquen l'inici i el final de la regata (Creative Commons-SA 3.0 Pointillist a la Wikipèdia en anglès/English Wikipedia)

suportable la situació de carències de tot tipus que patia la població britànica. Així, durant el conflicte consten la disputa d'almenys quatre regates, els anys 1940, 1943, 1944 i 1945. La primera i l'última amb victòria per a Cambridge i les dues del mig per a Oxford.

Els equips dels clubs de rem, formats el de Cambridge el 1828 i el d'Oxford l'any següent, van ser completament diferents cadascuna de les quatre edicions. Res a veure amb el mite de Boris Rankov que va guanyar sis edicions seguides per a Oxford entre 1978 i 1983. De fet, a la segona cursa no oficial, la del 1943, Cambridge va haver d'incloure estrangers a les seves files i Oxford quatre estudiants de la mateixa facultat, la de medicina, per manca d'atletes. No van ser, doncs, oficials, per aquest motiu i perquè l'indret de la cursa no era fix; la primera regata de 1940 es va fer on sempre, la de 1943 al mateix Tàmesi, però en una altra ubicació, la de 1944 fora de Londres per tornar el 1945 a la ubicació de sempre, que és l'espai londinenc del riu anomenat Henley, entre els ponts de Putney i Chiswick. També per seguretat, els anys 1941 i 1942 no va haver-hi cap regata.

La cursa de 1940 va tenir lloc el 7 de març, la gent anava abrigada i les cares eren de pocs amics. El 3 d'aquell mateix mes, els finesos, immersos en l'anomenada Guerra d'Hivern amb l'URSS, negociaven una pau que van aconseguir l'endemà de la regata. S'evidenciava com l'URSS per una banda i el nazisme per l'altra, es feien amb tot el continent. El pacte Ribbentrop-Molotov es posava en marxa.

Aquesta regata encara es va poder celebrar amb una certa tranquil·litat aprofitant l'anomenada Guerra de Broma, un període d'inactivitat a l'hivern del 1939 en què els alemanys van aniquilar Polònia mentre el front occidental estava "quietet". No fou fins a l'abril que els alemanys envaïren Dinamarca i Noruega i al maig entraren a França a través dels Països Baixos. Va ser a l'estiu i tardor de 1940 quan es produí la Batalla d'Anglaterra. Els anys 1941 i 1942, en els que no va haver-hi regata, van ser extremament durs. L'entrada en guerra dels Estats Units, que avançaven pel nord d'Àfrica, va permetre realitzar la segona edició el 1943, quan el conflicte va fer un gir en favor dels aliats.

La tercera regata, del 26 de febrer de 1944, l'única que s'ha fet fora de Londres mai en la història, fou de les més estranyes. Va tenir lloc al riu Great Ouse al seu pas per la ciutat l'Ely, a uns 130 quilòmetres al nord de Londres a causa de les bombes que queien dia sí dia també a la capital. El febrer de 2014 s'hi va commemorar el 70è aniversari amb la presència de dos protagonistes supervivents: Martin Whitworth per Cambridge (remer número 4) i Michael Brooks per Oxford (remer número 3), perquè sempre n'hi ha d'haver un de cada perquè no s'enfadin.

Tot i que es temia que no hi hagués prou assistència, la proximitat de Cambridge i l'ajuda de l'exèrcit per traslladar-hi gent va ser clau per a l'èxit. A més, els soldats americans varen assistir-hi com a espectadors i finalment, la policia va haver d'obrir les barreres que controlaven l'afluència de públic per evitar problemes. També es va habilitar per a l'ocasió una grada de militars convalescents. Un dels participants de la regata de l'any anterior, que era mobilitzat, va ajudar amb un cable de ràdio a controlar l'inici i el final de la cursa, per evitar dubtes a l'hora de saber qui havia guanyat. En acabar, sembla que tots plegats van anar a Cambridge a fer un sopar, convidant els perdedors.

La quarta regata es va fer l'1 de març de 1945 ja al seu lloc habitual, però tampoc va pujar al marcador oficial. Hi destacaven els uniformes militars entre el públic, i durant la cursa es sentia la fressa dels avions. La guerra finalitzaria aviat a Europa: el 2 de maig es rendia Berlín i al front occidental va acabar tot just cinc dies després.

Dorando Pietri

Salvat per la desqualificació

Autor: Cèsar Sànchez

Aquest cas faria les delícies d'un *coach*, un exemple de superació de les pròpies limitacions i de tornar-se a aixecar, per moltes vegades que un caigui, literalment. El corredor Dorando Pietri (1885-1942) té l'honor d'haver estat el primer atleta professional que es podia guanyar la vida corrent, i tot gràcies a una desqualificació que li va canviar la vida per sempre. La seva agònica arribada a la meta el 24 de juliol de 1908 va canviar el curs de la història pel que feia a la professionalització dels esportistes. Pietri va viure una època d'ajustaments en l'esport. Va veure la reimplantació de les olimpíades, l'ajustament en les distàncies, la fixació de normes en les curses i la "democratització" de la pràctica esportiva. Comparat amb els diners que es guanyen avui dia en alguns esports, costa de fer-se a la idea que només fa un segle ningú cobrava res. Ell va ser el primer.

De dependent a atleta professional

A finals de segle XIX i començaments del XX, la pràctica regular de l'esport no era encara entesa o concebuda com una activitat a l'abast de tothom. Més enllà de determinats països on la pràctica esportiva havia arrelat a l'escola com a sistema pedagògic, moltes pràctiques restaven encara com a activitats burgeses (tennis, golf, etc.). D'altres, en el millor dels casos, eren esports populars de caràcter local, practicats tradicionalment per una comunitat específica. Només qui tenia diners per a mantenir unes instal·lacions adequades, o finançar-se viatges, o simplement tenir prou temps lliure per dedicar-se a entrenar (que no era pas el cas de la majoria dels treballadors) podia permetre's el luxe de practicar determinats esports. Evidentment, aquesta gent que es podia dedicar a la pràctica esportiva regular, no necessitava ingressos provinents directament d'aquesta activitat, tot i que sí que existien premis. I qui practicava esports, com la majoria dels d'equip, de forma tradicional, ho feia com a entreteniment, no pas de forma professional.

La popularitat i l'espectacle relacionat amb les activitats esportives, per contra, sí que anaven a l'alça a l'entrada del segle XX, acompanyades per un culte a l'ídol. Cada cop més públic s'aplegava per veure les competicions, malgrat les tedioses terceres olimpíades de París del 1900, camuflades darrera l'exposició universal i que van durar mesos. Molts burgesos industrials van veure que allò podia ser una màquina de fer diners. La porta d'entrada a la, per denominar-la així, "democratització" de l'esport, van ser aquelles activitats que necessitaven una logística menor: córrer la primera d'elles. Dorando Pietri va començar així, corrent, per convertir-se en el primer atleta professional.

Dorando Pietri va néixer a Mandrio, a Correggio de la Regia Emilia, el 1885, essent el tercer dels quatre fills d'un matrimoni pobre format per Desideri i Maria Incerti. Quan la seva família es va traslladar a Carpi per posar una fruiteria el 1897, es va començar a buscar la vida i així va començar a fer d'aprenent de sastre. El 1903 entrà a la societat gimnàstica La Pàtria de Carpi, on va fer les seves primeres passes esportives com a ciclista. El 1904 treballava en una pastisseria quan es va apuntar, en l'últim moment, a la seva primera cursa atlètica. Pietri era l'antítesi del que avui entendríem per un corredor, amb els seus 1,56 metres d'alçada i escanyolit, no semblava que anés a arribar gaire lluny. De fet, es posà a córrer a causa d'una mala caiguda amb la bicicleta. Però, ves per on, la petita formiga atòmica tenia una mena de do natural que el va portar a guanyar, amb divuit anys, al llavors líder italià Pericle Pagliani. Segons conta la tradició, Pietri, sense ni un cèntim, va haver de córrer amb la roba i les botes de la feina.

A partir d'aquí va venir Bolonya a l'octubre, on va quedar segon sobre tres quilòmetres només per darrere d'Aduo Fava. Pocs dies després participà en una altra cursa a Carpi, de nou quilòmetres i la guanyà, i el juny de 1905 va vèncer al campionat d'Itàlia de 25 quilòmetres. Així va començar la seva carrera esportiva.

El seu primer gran èxit internacional arribaria el setembre de 1905, en vèncer en una cursa de trenta quilòmetres a París. La seva fama va anar creixent igual que els seus èxits. Un any després guanyà la marató de classificació per als Jocs Intercalats que es disputaven a Atenes, però durant la marató olímpica, quan ja portava 25 quilòmetres i anava líder, es veié obligat a abandonar per un problema intestinal quan liderava la carrera amb un avantatge de cinc minuts. El 1907 ja era el millor corredor italià en totes les disciplines, des dels 5.000 metres a la marató. Durant aquest mateix any, va fer el servei militar de lleva el que li va facilitar els recursos per a moure's per Itàlia.

El gir de la seva vida

Les autoritats, als Jocs Olímpics de Londres el 1908, ja tenien clar que havien d'invertir-hi diners, i les olimpíades van passar a ser objecte d'atenció preferencial del rei Eduard VII, gran impulsor d'aquest tipus d'esdeveniments i a qui li agradaven les curses. Un total de 2.008 atletes (només 37 d'ells dones) de 22 estats, i un estadi per a 90.000 espectadors testimoniaven un salt qualitatiu important en l'organització. A més, una munió de jutges vetllaria pel compliment del *fair play*, donat que després d'una cursa semblant, quatre anys abans, als jocs de Saint Louis, el nord-americà Fred Lorz havia confessat, penedit, que havia fet gran part del trajecte de la cursa en cotxe.

Dorando Pietri a l'arribada de la marató del 1908 als jocs olímpics de Londres (Wikimedia, domini públic)

El dissabte començaren els jocs amb les premonitòries paraules pronunciades en el discurs d'obertura pel bisbe de Pennsylvania Ethelbert Talbot, paraules que acabarien sent profètiques: "L'important en els jocs olímpics no és guanyar, sinó participar, la cosa més essencial a la vida no és conquerir, sinó lluitar bé". Frase que ha quedat en l'imaginari popular en la seva forma reduïda "l'important és participar".

La Marató de 1908 seria especialment recordada perquè és on es va determinar la distància d'aquesta mítica cursa, tot i que no seria oficialment fixada fins al 1921. El 1908, els Jocs Olímpics se celebraven per primer cop a Londres, la capital de l'Imperi Britànic, i la Marató, que des del principi s'havia establert com una de les competicions preferides del gran públic, només tenia fixada la distància en "al voltant de 40 quilòmetres" pel Comitè Olímpic Internacional. Finalment, la distància triada seria l'existent entre el palau dels Windsor i l'estadi olímpic White City: 42 quilòmetres amb 152 metres. Però en disputa amb aquesta dada, quedà pel record l'entrada a l'estadi de Pietri.

El 24 de juliol va ser el gran dia de Dorando Pietri. Pietri va liderar tota la cursa, mentre els seus companys anaven quedant pel camí sense forces: dels 73 corredors que van començar, la majoria es retiraren abans d'arribar al final de la cursa i només acabaren 27, sense comptar Pietri. I és que la cursa començava sota un sol de justícia en ple juliol a l'hora de la canícula, a les 14.30 i la deshidratació va causar estralls.

Però poc abans d'entrar a l'estadi, quan només li faltaven uns tres quilòmetres per guanyar, començà a defallir. Enfilà l'estadi ja fent tombs i titubejant en sentit contrari, els jutges li van haver d'indicar la direcció correcta enmig de la forta pressió dels espectadors de l'estadi ple a vessar que reclamaven que se l'ajudés. A partir d'aquí va començar un espectacle corprenedor ple de dramatisme, pitjor que el de la mítica Gabriela Andersen durant els jocs de Los Angeles 1984. Pietri va trigar 10 minuts a fer la volta a l'estadi, caient i aixecant-se amb l'ajuda de tothom fins a cinc vegades, l'última davant pràcticament de la línia de meta quan va caure desmaiat. Les forces l'havien abandonat sobtadament a causa del sobreesforç. Va entrar a la línia de meta caient entre braços de jutges i metges, dubtosament podria sentir el públic que l'aclamava i aplaudia sense parar. Només passar la meta es va tornar a desplomar i va ser retirat en llitera. Pocs segons després arribà a meta Hayes, i després d'ell ho farien el sud-africà Hefferon i dos nord-americans, Forshaw i Welton.

El seu avantatge era tal, que després de perdre tot aquest temps, encara havia entrat el primer. A les grades, els anglesos estaven impressionats amb l'esforç titànic de Pietri, i la mateixa reina Alexandra, present a l'estadi, es va emocionar. Els nord-americans, per això, no estaven disposats a deixar-ne passar ni una, i van denunciar joc brut contra Pietri, al·legant que "havia rebut ajuda". Així, a contracor de tothom, Pietri va ser desqualificat en una decisió polèmica, doncs, per posar només un exemple, l'argent Hefferon s'havia aturat durant les últimes milles a prendre xampany i rebre copets a l'esquena i no va passar res. El guanyador oficial de la cursa va ser John Hayes amb un temps de 2 h 55', el que representava un primer rècord, tot i que Pietri havia fet 2 h 54'.

L'esdeveniment va comptar amb un cronista de luxe: l'escriptor Sir Artur Conan Doyle, creador del mític personatge de Sherlock Holmes, que es trobava de forma extraordinària aquell dia a les grades per encàrrec d'un article. Tot i que no ho acostumava a fer, l'expectació per la cursa i les ganes de veure en Pietri en acció era tal, que no va saber dir que no. Doyle li dedicà un extens article al Daily Mail, ajudant a fer créixer encara més la seva fama. Doyle va iniciar una campanya de reacció de donatius que va permetre a Pietri no haver de treballar mai més. A més, va esdevenir tan popular que pocs dies després dels fets Pietri tornaria a l'estadi. La seva gesta el va convertir en una celebritat mundial, i fins i tot el compositor Irving Berlin va compondre una cançó en el seu honor, el títol era el nom del maratonià transalpí: "Daurant Pietri".

Tothom es va abocar amb Pietri, el petit italià, tant, que la corona no va deixar passar l'oportunitat per congraciar-se l'opinió pública. La mateixa reina Alexandra va atorgar a Pietri una copa d'or, idèntica a l'original en tot, com a prima de consolació i segons s'explica, li va dirigir aquestes paraules: "perquè s'emporti un bon record del nostre país". Així, Pietri, desqualificat de la cursa, es va endur una copa d'or, un premi en metàl·lic, una popularitat en alça (més que merescuda) i un munt de peticions per fer exhibicions.

L'heroi

Ja com una gran figura, va anar a Amèrica a fer exhibicions. El 25 de novembre del mateix 1908 es tornava a enfrontar a Hayes en una reedició de la marató a Nova York, i Pietri va guanyar després de realitzar 252 voltes al Madison Square Garden. La cita va ser històrica; més de 20.000 espectadors no es van voler perdre el duel entre Pietri i Hayes, una cursa que va consumar la venjança del petit corredor italià, que va vèncer a casa a l'atleta americà i flamant campió olímpic.

El gener de 1909, a Chicago, en el desafiament amb l'atleta nord-americà Corey, va guanyar la marató en 2 h 56'. L'any següent, a Indianapolis, es va enfrontar contra quatre nord-americans (Wright, Barclay, Bronson i Miller) que es rellevaven cada quatre milles, però ni així el van poder vèncer. Pietri es va imposar a les 16 milles (uns 25.749 metres) en 1 h i 3'. El 15 de març a Nova York, va guanyar la marató contra Hayes, un altre cop al Madison Square Garden i el va tornar a vèncer amb un temps de 2 h 48'. I no va ser l'última vegada que es veurien les cares en una marató, ja que a principis de 1910, a San Francisco, una altra vegada Pietri va guanyar contra Hayes, amb un temps de 2 h 41'.

En total va fer 22 curses d'exhibició. Fins a l'any 1911 va córrer fins a esdevenir l'esportista millor pagat fins a aquell moment. L'última cursa estil marató que va córrer va ser a Buenos Aires el 1910, al barri de Palermo. Es tractava d'una cursa limitada a vuit participants, consistent a fer 37 voltes a l'estadi (uns 40 quilòmetres) i Pietri, fàcilment localitzable per la seva baixa estatura i per la bandera italiana que lluïa al pit, es va imposar amb una volta d'avantatge respecte del segon classificat.

Un dia abans de complir els vint-i-sis anys, el 15 d'octubre de 1911, participà en la seva última cursa a Göteborg on guanyà en 20 quilòmetres. Després d'haver guanyat 200.000 lires (una autèntica fortuna de l'època), Pietri decidí penjar les botes i deixar de córrer. Un cop retirat del món de l'esport, es dedicà a gestionar l'hotel que havia comprat el 1909 per 50.000 lires juntament amb el seu germà. En ser cridat a files per la Primera Guerra Mundial, l'hotel va decaure i li va acabar fotent bona part dels diners que havia guanyat a Amèrica, per això, el 1923 es trasllada a San Remo on compra un taller i lloguer de cotxes. Visqué a San Remo el 1942. El 1936 va ser nomenat Cavaller de la Corona d'Itàlia i va esdevenir l'esportista italià més famós fins a èpoques recents.

En total, va participar en 17 maratons, de les quals en va guanyar nou, es retirà en sis d'elles i va obtenir un segon i un tercer lloc. En total havia pres part en 128 curses, amateurs i professionals, de les quals en guanyà 88. Pietri va morir víctima d'un infart als cinquanta-sis anys.

L'engalipador i l'esport professional

L'esport, especialment després de la Primera Guerra Mundial, ja no tornaria a ser el mateix. Havia passat d'un elitisme nostàlgic en què es rememorava el culte al cos i l'equilibri en la salut, que practicaven de forma intel·lectual només uns privilegiats, a ser cau de tota mena d'artificis per guanyar. I amb aquest nou posicionament hi entrà la recerca d'esportistes allà on fos (la democratització de l'esport) i per suposat, tota mena de pràctiques que aniran impulsant cada cop més normes en cadascun dels esports. Es passaria de les recepcions del Papa Pius X a Pierre de Coubertin el 1905 per destacar els valors de l'esport, al fet que el 1928, la Federació d'Atletisme seria la primera a prohibir l'ús de substàncies dopants. En concret, se sospita que Pietri podria haver pres estricnina, però no està confirmat per cap anàlisi, ja que en l'època de Pietri els controls antidòping no existien.

La popularitat dels esports i dels esportistes anirà paral·lela a la dels mitjans de comunicació. Ja després de la Primera Guerra Mundial, la ràdio donarà un primer impuls a la difusió d'esdeveniments esportius. Abans de la ràdio, havia nascut la premsa esportiva, la qual trobaria un primer filó amb les olimpíades reintroduïdes el 1896. La roda es començava a retroalimentar i molts esports, com l'atletisme, passarien a ser de masses. Els primers diaris generalistes a fixar-s'hi van ser el francès Le Figaro, seguit pel londinenc The Times, i Doyle ja cobria els esdeveniments en nom del Daily Mail.

Especialment Anglaterra va ser capdavantera en aquest camp. Cap a finals de segle XIX les publicacions existents al continent, específiques sobre algun esport, esdevingueren d'interès general o s'anaren fusionant per, de mica en mica, passar de publicacions periòdiques a diàries. Amb l'inici del segle XX, ja seria al revés: les publicacions més importants impulsaven grans esdeveniments esportius. I el gran salt seria l'aparició de les imatges publicades, sobretot a partir dels Jocs Olímpics d'Estocolm de 1912. A la Itàlia de Pietro, La Gazzetta dello Sport impulsà moltes competicions.

El mateix John Hayes va esdevenir també professional, fent d'entrenador de l'equip olímpic nord-americà que aniria el 1912 a Suècia, i després faria d'educador físic. La diferència entre Hayes i Pietri és que amb motiu del centenari de la seva gesta de Londres, a Milà s'inaugurà un monument al "perdedor" Pietri, mentre que a Hayes se'l recorda a les estadístiques del medaller, sempre acompanyat de la cueta: "la cursa que en realitat va guanyar Pietri".

Amb els diners van arribar les picardies. Un cop passat el conflicte mundial, tornaven quaranta anys després les olimpíades a Londres. El 1948 molta gent esperava l'heroi italià, que va ser convidat oficialment i, de fet, va ser rebut amb honors i aplaudit mentre seia a la tribuna d'honor. Havia estat fins i tot entrevistat pel diari Evening News, tenia seixanta-cinc anys, estava casat amb una britànica (Lucy Evans) i vivia a Birmingham, on tenia un bar. En realitat, Dorando Pietri havia mort el 1942 d'un atac de cor, i aquell "Pietri" era un impostor anomenat Pietro Palleschi a la recerca de fama i diners. Qui va destapar l'engany van ser paisans de Carpi, els quals havien viatjat fins a Anglaterra després de veure l'entrevista a l'impostor. El grup el conformaven periodistes i era dirigit pel cap del club La Pàtria, Giuseppe Marzi, els quals van començar a parlar-li en dialecte de Carpi. Com que l'impostor era en realitat de la Toscana, no va entendre un borrall, va ser detingut i acusat d'estafa. Ni mort, Pietri va deixar de ser notícia.

1903. Cursa cap a la mort

Quan el Ral·li "París-Dakar" era el "París-Madrid"

Autor: Cèsar Sànchez

A començaments del segle XX les carreteres, sobretot a l'estat espanyol, no eren les que hi ha ara, per dir-ho finament. Eren més aviat camins, encara de sorra o amb sort cobertes de grava. Estaven sovint enfangades, amb sots enormes i exposades a les inclemències del temps. Els revolts eren impossibles, evidentment sense senyalitzar, i hi circulaven encara tot tipus de carrosses a tracció animal. A tot l'estat espanyol, el 1900, hi havia tres automòbils matriculats, pel que, per molt que ara sembli impossible, per a la majoria de la gent del canvi de segle, veure un carruatge mogut sense animals de tir era tot un espectacle.

Els primers vehicles encara havien de compartir la carretera amb mules i amb els despistats que feien com els aficionats al ciclisme d'avui: posar-se al mig del camí a mirar què hi venia. Els vehicles i els animals aixecaven una pols terrible, també a causa dels primers materials utilitzats pels ferms, pel que les ulleres i les bufandes contra la pols eren indispensables pels conductors pioners de vehicles de motor.

El quitrà no arribaria a l'estat espanyol fins al 1906. Abans, s'utilitzava generalment un material a base barreja de pedres anomenat *macadam* en honor al seu creador (McAdam) i que tenia la pega important d'aixecar una gran polseguera. Aquest element seria gradualment substituït per l'asfalt derivat del petroli. Les primeres carreteres de ciment no es començarien a construir fins al 1909 a Detroit, seu de la primera gran indústria automobilística.

Sortida de la cursa París-Madrid, el 29 de maig de 1903 a Versailles (França) (Wikimedia, domini públic)

Ja a París, feia uns anys que s'utilitzava asfalt natural, i algunes vies ja eren pavimentades amb aquest material. De fet, des del 1852 la carretera que unia París amb Perpinyà era d'un derivat d'asfalt de Val Traver, mentre que per a les vies urbanes, des de la dècada del 1830 ja s'empraven llambordes. Mentrestant, als Estats Units les carreteres ja es feien de macadam. No seria fins al 1924 que arribaria el formigó i amb ell, la creació a la dècada del 1930 d'autopistes a Alemanya. Al canvi de segle, però, quan es va fer la cursa de la que parlarem ara, es va arribar a crear a París una "Lliga contra la pols" perquè a les carreteres de macadam s'hi va començar a barrejar el quitrà a causa del trànsit de vehicles de motor, fent l'aire irrespirable.

La França del pas del segle XIX al XX era una olla de grills que va acabar marcant la fi de l'anomenada Tercera República. L'ambient polític estava enrarit pel cas del militar, d'origen jueu, Alfred Dreyfus a causa del qual s'esbatussaven de valent la dreta nacionalista i l'esquerra republicana. Socialment, la revolució industrial i la pauperització de les classes obreres esclatà finalment de forma violenta amb l'aparició de la "Propaganda pel fet", tot plegat encara sota el record de la inhumana repressió arran dels fets de la Comuna de París. I a nivell econòmic, per si no n'hi hagués hagut prou, esclatà "l'Afer del Canal de Panamà", o escàndol de Panamà, on varen desaparèixer milers de milions de francs en suborns, que esquitxà tot el govern. Una petita mostra de l'agitació social del moment a Europa, i especialment a França, són els assassinats del president francès Sadi Carnot el 1894, de l'emperadriu Isabel d'Àustria el 1898, del rei Humbert d'Itàlia el 1900 i també a l'altra banda de l'Atlàntic, el del president dels Estats Units William McKinley l'any següent.

França necessitava un revulsiu, alguna cosa que entretingués les masses, que aportés notícies innovadores i que centrés l'interès de la gent almenys durant uns mesos. Es va intentar que aquest revulsiu fos l'automobilisme, un camp en què França marcava tendències en aquest moment, per davant fins i tot d'Anglaterra.

Una de les primeres carreres documentades fou batejada com la "Cursa de carruatges sense cavalls", organitzada pel periodista Pierre Giffart l'any 1894 i amb un total de 21 participants que van recórrer el trajecte entre París i Rouen. Un any després, el comte Albert de Dion impulsava la primera competició cronometrada, que faria el recorregut de 1.200 quilòmetres París-Bordeus-París. El guanyador va ser Émile Levassor, després de 48 hores i 42 minuts conduint un automòbil Panhard et Levassor, tot i ser desqualificat per incomplir la normativa de seients. Aquell mateix any, i sota les regnes del comte Albert de Dion, es fundava el primer club automobilístic de tot el món: l'Automobile Club de France.

Gravat d'un dels accidents durant la cursa (Wikimedia, domini públic)

A principis del segle XX, l'automobilisme i la competició del motor feien les primeres passes en una època en què el cotxe era tant revolucionari com perillós. França es convertí en el laboratori de proves de la competició. Naixien proves de velocitat entre les ciutats abans esmentades que més tard s'ampliarien a països veïns amb curses mítiques com la París-Viena (1901) o la París-Berlín (1902). Aquesta última va ser un desastre amb majúscules. França havia prohibit tornar a organitzar curses sobre sòl francès, però les condicions socials van fer canviar de parer al govern.

La bogeria es van unir sota la bandera de l'Automòbil Club de França per sol·licitar permís per celebrar una nova carrera. A ells, s'hi varen sumar els interessos econòmics de les marques franceses, que van pressionar perquè es celebrés una competició on poguessin veure's els nous cotxes del segle XX, majoritàriament moguts per combustible de petroli ja molt millorat. Finalment, el 17 de febrer de 1903, la carrera París-Madrid va ser autoritzada. S'havia donat permís a una successió de desgràcies i accidents que marcarien un abans i un després en el món de la competició del motor.

Les primeres curses automobilístiques copiaren el format de les carreres ciclistes: llargues distàncies entre dos punts a carretera oberta, sense tallar el trànsit habitual, i en diverses etapes. En concret, aquesta cursa es volia fer ampliant el recorregut d'una prova ciclista que es celebrava des del 1891, la Bordeus-París, que havia obert el camí el 1895 per a la cursa de vehicles amb un recorregut, però, d'anada i tornada a París. Hi havien participat noms il·lustres com Benz i l'esmentat Levassor, qui donava nom al cotxe més demandat a l'època i que moriria pocs anys després en una altra cursa. L'any abans, el 1894, s'havia realitzat la considerada primera cursa de la història, la París-Rouen.

La cursa París-Madrid del mes de maig de 1903, amb un total de 1.307 km, seria lineal i dividida en tres etapes: París-Bordeus el dia 24 de maig, Bordeus-Vitòria el dia 25 i Vitòria-Madrid el dia 26. Les estadístiques mostren la duresa de la prova: ja que de 315 vehicles inscrits (54 d'ells eren motocicletes) de 20 constructors diferents, finalment se'n presentarien a la línia de sortida 224, dels quals, només 99 finalitzaren la cursa. El reglament de la cursa contemplava una bonificació als cotxes que poguessin "produir la força necessària per provocar l'explosió per mitjà d'espurna" per si mateixos. També s'indicava que "els fanals, porta-fanals i trompetes" no estarien inclosos en el pes del conjunt. Aquest aspecte era important, tenint en compte que les categories de vehicles s'organitzaven segons el seu pes, com si fossin boxadors. Cada constructor podia presentar un "lot" de quatre vehicles i estaven prohibits els "cotxes de socors" o "cotxes escombra".

En aquells moments, la inscripció desbordà tota previsió. Els parisencs no se'n saben avenir, tenien més de 200 vehicles de carreres davant dels seus propis nassos. L'expectació va ser màxima, mai abans un esdeveniment esportiu de motor havia tingut aquesta acollida i els policies i soldats s'havien d'esforçar per contenir el públic. El motor s'estava convertint, durant el període 1900-1904, (des de que es registren les primeres curses més enllà de simples proves de resistència, fins a les conseqüències de la cursa de la mort) en un espectacle popular de masses capaç de superar les diferències per la guerra franco-prussiana. A l'arribada dels pilots a Berlín el 1901, els cotxes eren rebuts amb emoció i cants de victòria, llorers i flors amb els colors de les banderes franceses i alemanya, com autèntics herois.

La graella de sortida de Versailles del 1903 fou molt criticada per manca d'organització i aleatorietat, i el mateix Renault va sortir des de posicions molt endarrerides. Hi havia la flor i la nata de l'època: els germans Marcel i Louis Renault, fundadors de la marca homònima; Charles S. Rolls, que més tard fundaria Rolls Royce; Williams K. Vanderbilt, un afrancesat aficionat als cavalls provinent d'una nissaga de milionaris de Nova York que havien fet fortuna amb el ferrocarril; Vicenzo Lancia, que abans de fundar la seva marca, curiosament va córrer amb un cotxe Fiat; el Comte Camille Jenatzy, el primer home que va superar els 100 km/h; o Henri Rougier, qui uns anys després, el 1909, seria el primer guanyador del Ral·li de Montecarlo.

El famós pilot britànic Charles Jarrott, al volant del cotxe De Dietrich, seria el primer a sortir. L'anglès, aclaparat per la quantitat de públic que tenia davant, no sabia com travessar la gentada per donar la sortida a la carrera i sense pensar-ho dues vegades, va arrencar i resà perquè la gent sortís del mig a temps. I així fou, a mesura que avançava descobria la carretera, ja que el

Marcel Renault al volant del seu cotxe, el 24 de maig de 1903 (Wikimedia, domini públic)

públic s'amuntegava per veure venir els pilots i s'apartava en l'últim moment.

Charles Jarrott i Louis Renault es col·locaren al capdavant de la cursa, no sense problemes mecànics, ja que a inicis del segle XX, la fiabilitat brillava per la seva absència. No obstant això, a mesura que la cursa avançava apareixien rumors d'aquells que cap pilot vol escoltar, sobre la mort d'altres pilots que havien sortit de la pista.

No va ser fins a arribar a la ciutat de Bordeus quan el boca a boca va començar a adquirir un caire de seriositat i preocupació real. Començaven a arribar notícies d'accidents, sortides de pista, morts i ferits. Semblaven notícies més pròpies d'una guerra que d'una cursa d'automòbils. Segons els recomptes, no oficials, podria haver-hi hagut un centenar de ferits. Alguns rumors començaven a guanyar força quan diversos pilots que anaven arribant coincidien en les mateixes notícies. De fet, els accidents havien començat a la mateixa sortida de París, i a Ablis, van arribar notícies d'una dona que havia mort atropellada i un copilot malferit en sortir el cotxe de la carretera; a Angouleme, un soldat que intentava treure dues persones de la pista (entre elles un nen petit) no va poder evitar l'atropellament, morint a l'accident amb un altre home; el corredor Wolseley Porter va partir un accident en un encreuament de vies de tren sense senyalitzar i hi va morir el seu mecànic; Barrow, que ja participava malalt, va sortir de la pista en esquivar un gos a causa de l'esgotament, amb el resultat de la mort del seu mecànic i la seva mateixa a causa de les ferides al cap d'uns dies; el més conegut Marcel Renault va patir un accident de trànsit, en principi sol, i hi va morir a causa de la velocitat de l'impacte... En general la meitat dels cotxes van patir accidents a causa de la pols que generaven els altres cotxes que els avançaven i se sortien de la pista, bé esquivant animals o bé persones, acabant estampats contra els arbres.

Fernand Gàbriel, pilot que acabaria treballant per a Renault, va ser el vencedor d'etapa amb una mitjana de 105 km/h. Va superar en 15 minuts Louis Renault, que ni sabia res de l'accident del seu germà, ni de fet de la cursa, ja que en arribar a Bordeus es va donar per finalitzada. Émile Combes, primer ministre francès (que ja no era partidari de fer-la), havia donat l'ordre d'aturar la cursa a Bordeus, per més que Alfons XIII, rei d'Espanya, n'havia estat un fervent promotor. Combes fins i tot va ordenar que els cotxes tornessin a París tirats per cavalls, essent confiscats i remolcats finalment fins a l'estació de tren més propera per retornar-los a la capital. En total, durant aquesta primera etapa, almenys cinc pilots i tres espectadors segons xifres oficials havien mort i un nombre imprecís de ferits havien hagut de ser atesos. Segurament, però, en realitat van ser molts més.

El govern francès va suspendre la prova "per evitar majors catàstrofes". L'opinió pública va ser d'allò més diversa, i mentre uns diaris treien ferro a l'assumpte, d'altres més sensacionalistes aprofitaven per condemnar aquest tipus de competicions i demanar-ne la cancel·lació. Fins i tot es va arribar a anomenar aquest esdeveniment, tal com ha quedat per a la història, com: "la cursa de la mort". Els diaris seguien la seva línia de baralla política i utilitzaven les curses com a camp de batalla per dirimir altres temes. Així, mentre els nacionalistes com La Liberté parlaven de què "malgrat que costen vides, aporten orgull a França" d'altres com Le Temps comentaven que "les curses havien deixat de ser un mitjà per a ser la fi mateixa", "com Saturn, que devora els seus fills." Amb tot, el govern actuà de censor i prohibí els titulars sobre les desgràcies de la cursa.

Uns cotxes que no anaven més enllà de quatre rodes mal posades, dos seients i un motor cobert per una xapa que s'escalfava en poca estona, servien a aquests pilots per gaudir de l'esport de motor i establir les bases de les futures competicions de l'automobilisme que podem veure avui en dia. Els conductors sovint acabaven amb les mans cremades per les reparacions sobre la marxa. A més, evidentment, les transmissions eren dures i girar el volant era un esforç real donat el pes del vehicle. Al clima calorós, s'hi havia d'afegir l'escalfor del mateix motor del vehicle, que feia suar tinta als conductors. Només el vent fruit d'anar a més de 100 km/h sense cinturó, sense res, els treia la calor.

En ser suspesa la cursa, les autoritats espanyoles desplaçades a Bordeus, a l'espera de creuar la frontera en la segona etapa, es van quedar amb un pam de nas. Van marxar cap a Vitòria al dia següent on van unir-se als aficionats que el Real Automòbil Club d'Espanya havia portat en caravana per rebre la cursa que finalment no va arribar. Una mena de "Benvingut Míster Mashall" automobilístic. Amb tot, el diari ABC recull la notícia el dia 28 de maig de 1903 com una "mostra de seny espanyol" pel fet d'acceptar la suspensió a causa del desastre francès en l'organització de la cursa. No tenien més remei. La realitat era que a Madrid es van haver de menjar les grades i grans celebracions que havien preparat per rebre els campions de la cursa, dels quals no en van veure cap i a més, els diners aportats, unes 700.000 pessetes de l'època, es van perdre. Això sí, la tornada de la caravana d'aficionats i l'arribada a Madrid el 26 de maig va ser relatada amb tot luxe de detalls, destacant que "s'havien arreglat les carreteres pensant en els visitants estrangers" i, per descomptat, com havien estat de ben rebuts al seu pas per terres basques, ocultant que al pas per Castella la gent llançava merda de vaca contra els cotxes.

Paral·lelament a les curses, durant el període 1900-1904, va començar l'intent de regular una realitat pujant tot limitant les velocitats, aplicant normes a la circulació i introduint l'obligatorietat tant de matriculacions dels vehicles com de l'obtenció de carnets. Aquestes normes no van tenir d'entrada gaire èxit i fins a la dècada de 1930 no es posaria la cosa seriosa, comptant que d'aquest tipus de curses no tornarien a celebrar-se (amb excepcions de carreteres molt tancades) fins gairebé al 1927, pensades únicament per a l'àmbit urbà. El mateix Charles Jarrott va ser un activista contra les lleis que limitaven la velocitat. De fet, l'oposició a la Llei del Motor anglesa de 1903 va ser el motiu de la creació de l'Associació d'Automobilistes de la qual Jarrott en va ser fundador. "París-Madrid, la gran cacera", deia Jarrot al seu llibre "Ten years of Motors & Motor Racing" sobre el que havia estat la cursa de 1903, protagonitzada per pioners de l'automobilisme que es van jugar la vida per demostrar al món la màgia del vehicle de motor.

Malgrat tot, quan hi havia interessos econòmics pel mig, sobretot a l'Espanya de la Restauració, la llei es podia deixar de banda, cosa que feien força sovint. El 22 de desembre de 1902, la "Gazeta de Madrid" aprovava, a petició del comitè organitzador de la cursa, la suspensió de totes les normes de conduir aleshores vigents, per poder celebrar així la cursa "'igual que s'havia fet a França, Alemanya, Holanda o Àustria". Però no seria aquesta l'única petició als governs del sistema canovista. Una altra bateria de normes ben curioses va ser aprovada el març de 1903, poc abans d'iniciar-se la cursa. Entre elles hi havia, a banda del registre i control dels vehicles, la d"'aturar els vehicles només cinc minuts" a la duana per a una inspecció, mesura que tractant-se d'una cursa, no deixa de cridar l'atenció. Una altra parlava de l'obligatorietat d'expedir permisos com a dipòsit de tot el material i recanvis que portessin els cotxes, incloses les rodes, de manera que el govern francès pagués una garantia li seria retornada si certificaven que les peces havien retornat a França un cop acabada la cursa.

Surrealista. I tot això, segons la mateixa norma, ho havia d'inspeccionar a Irun un sol funcionari contractat per a l'ocasió. Tot plegat, en el marc d'una "importació temporal", l'única preocupació de la qual era "garantir al Tresor" que "l'excepcionalitat d'aquestes curses" no significarien una minva en els ingressos. Tot fa pensar doncs, encara que no hi hagués hagut cap desfeta abans d'arribar a Bordeus, el govern francès no hagués permès els pas dels vehicles cap a Madrid, donades les dificultats burocràtiques. Segurament, els accidents van anar molt bé com a excusa per posar fi a la cursa, dins del territori francès cosa que no es sabrà mai del cert.

Un partit per la Independència:
El Diumenge Sagnant de 1920

Autor: Cèsar Sànchez

Un dels enfrontaments esportius més (tristament) coneguts de la història de la Gran Bretanya es va produir el 21 de novembre de 1920 a Dublín. Es disputava un partit de Peil entre el Tipperary i el Dublín, l'equip local, en un moment de màxima tensió en el marc de la Guerra d'Independència Irlandesa (1919-1921). Tot just començat el partit, l'exèrcit britànic va entrar a l'estadi i va obrir foc indiscriminadament contra els assistents. El resultat va ser de 14 morts, entre ells el capità de l'equip de Tipperary, Michael Hogan, i una xifra indeterminada de ferits, entre 60 i 80 segons les fonts.

Aquest fet històric es va conèixer com el Bloody Sunday (diumenge sagnant). De fet, un més dels molts que acumula la història, en concret els tres de la Gran Bretanya en referència a Irlanda són: el primer el 1913, amb uns 600 ferits, el segon aquest de 1920 i el tercer i més conegut seria el de 1972 a Derry, a Irlanda del Nord. Aquest partit del 21 de novembre, havia de servir per recaptar fons amb destí als presos republicans irlandesos.

Aquesta data del 21 de novembre de 1920 marca un *impasse* en la guerra que mantenien els Voluntaris Irlandesos, emmarcats en brigades volants sota comandament de l'IRA (Exèrcit Republicà Irlandès) de Michael Collins, contra la corona britànica. A finals de 1918, els republicans del Sinn Féin havien guanyat les eleccions i proclamat la independència, però molts homes formaven part encara de l'exèrcit britànic i les accions armades es limitaven a assalts a les casernes de policia a la recerca d'armes. S'enquadraven en unitats, i aquells qui no tenien ensinistrament militar se'ls instruïa encara que fos utilitzant un *stick* de hurling (anomenat *caman* en irlandès) a mode de fusell.

El 1920, la corona britànica decidí aplicar una política de sang i envià dos nous exèrcits a l'illa, els coneguts com *Black and Tans*, pels colors de la seva uniformitat, així com la Força Auxiliar

Michael Collins a Croke Park el 1921 (Flickr, National Library of Ireland)

Britànica, formada bàsicament per oficials veterans de la Primera Guerra Mundial. La seva repressió a tot el territori va ser brutal, fet que sollevà encara més la població irlandesa que, a finals d'any, començà a aplicar noves estratègies basades en emboscades i atemptats selectius que portaven de corcoll les autoritats britàniques. Michael Collins (heroi de la independència irlandesa) va organitzar un servei d'informació potentíssim, amb un braç armat anomenat Squad (l'escamot).

Davant d'aquesta situació i vist que l'estat de toc de queda no feia efecte, la corona va enviar un grup especialitzat en lluita d'intel·ligència anomenat Caire Gang, que utilitzaria el cos policial de la Royal Irish Constabulary (el temut RIC) i una xarxa d'informants per intentar eliminar, també amb assassinats, els membres de l'IRA com a estratègia per acabar amb les seves accions. A aquestes alçades, el RIC, símbol de l'opressió, ja estava força debilitat al territori irlandès, però a Dublín, des del castell, seguia la seva activitat repressora amb tortures i constants assassinats indiscriminats.

Una entrada original del partit d'aquell dia va ser venuda en subhasta al 2012 per 5.000€.

La nit abans del partit, del 20 al 21, aprofitant l'assistència de molta gent de fora de l'esdeveniment, els homes de Collins van iniciar una de les accions més conegudes de la Guerra d'Independència Irlandesa: l'assassinat de tots els membres del Caire Gang: 14 assassinats en una sola nit. Aquesta acció va deixar la intel·ligència britànica momentàniament escapçada, i a la corona cega davant el que estava passant a Irlanda. L'acció començà a les 21:00, malgrat la detenció aquella mateixa tarda de

Peadar Clancy i Dick McKee, dos destacats membres de l'IRA. El dia del partit, les tropes britàniques clamaven venjança, i es temia que prenguessin represàlies.

La majoria de la gent que anava aquell dia 21 al partit desconeixia encara aquests fets, tot i que es podien ensumar que hi hauria problemes. El partit havia de començar a tres quarts de tres de la tarda, però es va retardar mitja hora (els partits duren una hora). A l'estadi de Croke Park hi assistien uns 10.000 espectadors. La mateixa organització del partit ja era una provocació per als anglesos, perquè la lliga havia estat suspesa a causa de la guerra. Ja cap a dos quarts de dues, la Força Auxiliar Britànica prenia posicions encerclant l'estadi. Tres homes de l'IRA, Sean Russell, Tom Kilcoyne i Harry Colley, van ser informats de la recerca planificada pels britànics a Croke Park i varen informar Luke O'Toole, secretari de la GAA, que va decidir, però, tirar endavant l'esdeveniment passés el que passés.

L'àrbitre Mick Sammon, va "tirar la pilota" per començar el partit a un quart de quatre. Testimonis oculars indiquen que en aquell moment, un avió va fer una volta per sobre l'estadi i, com si fos un senyal, cinc minuts després de treure la pilota l'estadi va ser ocupat per les forces britàniques que iniciaren un tiroteig de quasi dos minuts.

Jack O'Reilly era un jugador del Dublín que tenia la seva xicota, Brigid Smith, a les grades. El seu fill explica com van anar les coses. Els anglesos havien entrat a l'estadi pel Canal End i quan va començar el tiroteig, la multitud es va abraonar en sentit contrari amb l'esperança de saltar al canal per sobre la tanca de l'estadi. Això és el que va fer el seu pare. Un cop els soldats britànics es van quedar ben descansats, van deixar que les dones es quedessin a l'estadi per atendre la gent, mentre l'exèrcit va tancar els jugadors que havien quedat al camp als vestidors, convençuts que entre ells hi havia militants de l'IRA.

A la recreació del Bloody Sunday a la pel·lícula 'Michael Collins' de 1996, l'escena del tanc dins del camp va ser una llicència del director, els vehicles estaven al voltant del camp. I les tropes que apareixen en escena són les auxiliars, mentre que historiadors hi troben a faltar els uniformes del RIC.

I fins aquí la història. Les posteriors investigacions, com acostuma a passar en accions de guerra on hi intervenen serveis secrets, són caòtiques. Les versions posteriors dels fets es contradiuen, i sovint es fa difícil saber exactament com va anar

L'equip del Tipperary el Bloody Sunday (http://www.gaa.ie)

tot, més encara perquè estranyament (pels amants de les intrigues), els fets no van ser recollits a les actes oficials de la GAA. Pel que fa a les versions oficials britàniques, van anar variant segons bufava el vent, des que es van trobar armes a l'estadi, fins que els soldats havien respost a foc procedent de les grades. El que estava clar era el resultat de tot plegat, la gent portava els ferits a braços als centres sanitaris, i els mossens feien in situ al mateix camp les uncions als morts. Entre les víctimes s'hi trobaven John William Scott de catorze anys, o Jerome O'Leary, de només 10.

Després del Bloody Sunday, la guerra encara es va allargar vuit mesos, els pitjors i més sagnants del conflicte. Paradoxalment, aquest esdeveniment va quedar marcat a la ment com a simbòlic. Tot i que van haver-hi episodis encara més cruents (els Deu

Amics de les víctimes i membres de l'exèrcit fora de l'hospital durant la investigació militar sobre els fets del Bloody Sunday a Croke Park (Flickr, National Library of Ireland)

Oblidats –no reconeguts fins al 2001– o l'emboscada de Crossbarry), la matança de Croke Park va marcar, fins al punt que a més d'esdevenir un punt d'inflexió en la guerra, fou també l'inici de la seva fi. Després del partit hi hagué encara més repercussions directes. Dos oficials d'alt rang de l'IRA, Dick McKee i Peadar Clancy juntament amb el seu amic civil Conor Clune, que havia estat capturat en una batuda aleatòria, van ser tirotejats mentre "intentaven escapar" del captiveri al Castell de Dublín, en el que va semblar una mena d'aplicació de Llei de Fugues espanyola.

El resultat del Bloody Sunday foren 31 morts. Aquesta matança va remoure consciències, sobretot a Londres. Durant unes dècades un cop assolida la independència, cada 21 de novembre es feia un partir d'homenatge i avui en dia se segueix ensenyant a les escoles com un dels dies més tristos per a la GAA.

El 2007, el Crock Park rebia un partit de rugbi entre les seleccions irlandesa i anglesa dins la copa de les Sis Nacions. Era la primera vegada des del 1920 que uns anglesos tornaven a trepitjar un lloc quasi sagrat pels irlandesos. La tensió era màxima, s'esperaven accions de protesta i boicot. Per honra de "l'esport més senyor jugat per bèsties", exemple d'esportivitat pau i reconciliació, el dia que va tornar a sonar l'himne anglès a l'estadi ningú va dir res. 75.000 irlandesos van mantenir un estricte respecte en silenci. Això sí, als jugadors irlandesos se'ls va veure plorar com magdalenes al camp, més tenint en compte que van guanyar el partit per un contundent 43 a 13. Cinc anys després, la reina Elisabeth II va visitar l'estadi Croke Park, remodelat del tot l'any 2005. Durant 50 minuts, la reina va escoltar les explicacions i va trepitjar la gespa, en un acte de desgreuge, mentre a fora hi havia fortes protestes en contra de la seva presència.

La Guerra de les Malvines i el Mundial de Futbol de 1986

"La Mano de Dios" del "Pelusa"

Autor: Cèsar Sànchez

A la segona meitat del segle XX un esport va destacar per sobre dels altres en termes de generar passions i moure masses, estava en plena implantació la identificació de les seleccions nacionals de futbol amb el nacionalisme. El futbol va esdevenir una forma de canalitzar la política i fins i tot "compensar" l'orgull nacional ferit. Aquest cas va ser el del Mundial de Futbol de 1986 que va guanyar la selecció de l'Argentina gràcies a un gol descaradament il·legal. Argentina vivia moments difícils. El 22 de març de 1976 havia patit un cop d'estat en la línia del *Pla Còndor* que va instaurar una dictadura, la de Videla, la qual es va allargar fins al 10 de desembre de 1983 caracteritzada per la desaparició de persones i els assassinats polítics.

Dins d'aquesta dictadura, es va distreure la població amb "l'enemic exterior" amb encesos discursos patriòtics que van empènyer una feble economia com era l'Argentina a embolicarse en un conflicte bèl·lic destinat al fracàs. El 2 d'abril de 1982, l'Argentina començava l'intent de control de les illes que ells anomenen Malvines, les Falkland britàniques. L'empresa estava destinada al fracàs militar, donat que l'única esperança que tenien era que les illes es trobessin prou lluny de la metròpoli perquè no rebessin ajuda. Però el Regne Unit que governava les illes des de l'any 1833 no estava disposada a cedir davant d'aquest estirabot argentí.

També l'any 1982, al juny, començava el *Mundial del Naranjito* a Espanya. En aquella ocasió, la selecció italiana va impedir que l'Argentina passés a les finals. Llavors Maradona jugava al Futbol Club Barcelona. Aquest mundial representava un impàs entre l'organitzat per Argentina el 1978, i que van guanyar, i el de Mèxic 86. El mundial d'Argentina, es va saber acabada la dictadura, va suposar un desfalc terrible. Un cop de 550 milions de dòlars que van deixar tremolant les arques estatals. Maradona, que tenia setze anys, tot i destacar ja com a golejador, no va ser convocat. Per tant, al mundial de Mèxic la selecció argentina, amb l'entrenador Menotti que havia acceptat el lideratge de la selecció malgrat la dictadura, es jugava esportivament el lideratge mundial amb un Maradona ja estrella.

A aquesta necessitat de desviar l'atenció política cap al futbol per part de la dictadura, es va afegir el deshonor de la Guerra de les Malvines. La determinació del govern de Londres, amb la Dama de Ferro al capdavant, va ser implacable. En només setanta-quatre dies van expulsar les mal preparades i pitjor proveïdes tropes, majoritàriament de lleves, argentines. El cop patriòtic va ser fort, i marcà profundament l'orgull dels argentins. La dictadura militar va caure pocs mesos després d'acabada la guerra, seguida pel govern de Raúl Alfonsín.

Només quatre anys després de la guerra, el 1986, amb el record de les Malvines ben viu i un conflicte diplomàtic obert, va

Maradona a punt de marcar el segon gol contra Anglaterra al mundial del 1986 a Mèxic. L'anomenat gol del segle. (Domini públic, Wikimedia https://commons.wikimedia.org/wiki/File:Maradona_gol_a_inglaterra.jpg)

arribar el mundial de futbol de Mèxic. Anglesos i argentins es tornaven a trobar en un espai, el futbol, quasi sagrat per a molts argentins. Tot i que la dictadura ja havia caigut, no gens l'estat d'opinió política que l'havia sustentat. Per exemple, el diari Cronica va donar una cobertura encesa del mundial, destacant el llenguatge agressiu militarista amb constants referències als fets de les Malvines. Era el diari més important de la capital, Buenos Aires, sensacionalista i fortament populista, on evidentment els esports tenien una presència destacada.

"La mano de Dios"

El partit es va disputar el 22 de juny. Al minut 51 de partit Maradona saltava a un centre des de la banda i feia gol, era l'un a zero. Tothom va veure com Maradona ficava la pilota amb la mà, tothom menys l'àrbitre del partit, el tunisià Ali Bennaceur, que davant les protestes absolutament de tothom i dels senyals dels seus assistents, simplement es va limitar a dir: "segueixin". L'àrbitre, en entrevistes posteriors, sempre va negar haver-lo vist ni haver rebut pressions. L'entrenador dels anglesos era el que anys després seria entrenador del Futbol Club Barcelona, el desaparegut Bobby Robson. Eren uns quarts de final d'un mundial que l'Argentina acabaria guanyant.

Malgrat la fama, però, Maradona no va ser l'inventor de jugar amb la mà. Vuit anys abans, el també jugador de la selecció argentina Mario Kempes, havia fet una aturada espectacular sobre la línia de gol contra la selecció polonesa. Llavors no s'expulsava als jugadors per aquesta falta, es va xiular un penal que el porter argentí Fillol (aquesta vegada sí, el porter de debò) va aturar.

El gol icònic de Maradona amb la mà, descaradament reconegut, va ser acompanyat per un segon gol només tres minuts després del mateix Maradona que ha estat descrit com *el gol del segle* en una cursa des de mig camp saltant-se tots els jugadors que es trobava pel camí. No deixa de ser curiós que un esport tingui com a mític un partit amb una jugada feta de forma il·legal, saltant-se totes les regles del joc. Gary Lineker va marcar el 2-1 al minut 80, però ja no va haver-hi temps per a més. Argentina es va acabar emportant el partit per 2-1.

A les semifinals, va eliminar la "poderosa" selecció belga de Pfaff i Scifo per 2-0, amb dos gols més de Maradona. I a la final, l'*albiceleste* va completar el somni en vèncer l'Alemanya Federal per 3-2 amb una piscina final descarada de Maradona a l'àrea que l'àrbitre no va haver de xiular, perquè els argentins anaven guanyant.

Era evident, segons van explicar els mateixos jugadors en entrevistes posteriors, que malgrat les paraules de l'entrenador i el capità sobre la necessitat de jugar un partit de futbol i prou, i que per a ells era només un partit que no retornaria a la vida les víctimes de la guerra, tots tenien presents els fets polítics. La prova és, precisament, l'èxit de l'expressió per justificar l'acció que va triomfar tant com el mateix gol.

Ahir i avui de la manipulació en l'esport, el nacionalsocialisme

Durant la dictadura nacionalsocialista, l'esport va tenir un paper central en el control social i la difusió de l'ideari nazi. Per això, l'esport va assolir a Alemanya quotes de popularitat estratosfèriques, que concentrades pertinentment a un esport en concret, acabarien sobrevivint al mateix règim, i aconseguir estendre's per la resta del continent fins avui en dia.

Quan van arribar els nazis al poder, el 1933, no tenien una política específica vers els esports. Sobre la marxa, el nacionalsocialisme utilitzà l'esport en dues vies per assolir l'objectiu principal, que era establir un règim totalitari. Primerament com a propaganda, i també com a element per inculcar els seus valors a la societat. Per a la primera part calia controlar les entitats esportives, cosa no gaire fàcil donada la naturalesa caòtica, buscada, de la burocràcia nazi que impedia que ningú manés, excepte el führer, en un maremàgnum d'ordres i contraordres.

En aquesta primera part s'inserien els processos d'ariatització dels esports, on progressivament s'anirien arraconant tots aquells que no fossin "aris", principalment jueus i gitanos. Per al segon objectiu, no es crearen institucions específiques, sinó que s'inclogué com a normal la pràctica de l'esport en tots els àmbits, cosa que formava una part més de l'ideari ètnic i racial nazi de recuperació dels grans homes (i dones, però amb un altre sentit) aris, tal com ells l'entenien.

El nacionalsocialisme va abusar de l'esport, fins a crear una percepció icònica a través de la imatge que és, de fet, la mateixa que tenim avui en dia, inclòs el conegut vocabulari militarista per referir-nos-hi. El punt culminant d'aquesta activitat propagandística van ser les olimpíades del 1936 a Berlín i la gran mestra de cerimònies, la famosa directora de cinema de propaganda, i amb posterioritat de documentals d'animals, Leni Riefenstahl. Contràriament al que molta gent avui en dia pugui pensar, llavors aquesta imatge del nazisme oferia una visió moderna i dinàmica de la societat que atreia el jovent com un imant. Només cal mirar les imatges, i veure que podrien ser de total actualitat. Transmeten, encara avui, un moviment, ideal i força impressionants.

Tapa del llibre dels membres de la Nationalsozialistischer Reichsbund für Leibesübungen (Wikimedia, domini públic)

Quan aquesta imatge i política de l'esport, adoptant el model feixista italià, es va consolidar, l'objectiu no va ser influir sobre les masses directament amb l'esport, sinó la propaganda.

Influir en grans esdeveniments esportius seria una evolució actual d'aquesta política de l'esport. Els nazis, per a l'ensinistrament de masses, empraven els grans actes de partit, com els que s'organitzaven a la gran esplanada de Nuremberg, les desfilades nocturnes amb torxes i les representacions pseudomedievalistes amb esvàstiques, gent a cavall i uniformes. Mentrestant, la inclusió de l'esport a nivell general en totes les organitzacions nazis, tenia l'objectiu d'aconseguir un estat de camaraderia indissoluble, un sentiment de nació i de pertinença a una comunitat racial que de rebot, ajudava a la política nazi d'aïllament dels sectors considerats desafectes. El sistema a posterioritat, també ha funcionat a la inversa, és a dir, com a motor d'inclusió a una societat.

L'esport va ser cabdal a l'hora de crear una mentalitat col·lectiva també en l'aspecte físic. Es destacaven les característiques considerades com a ideals de proporció de bellesa, al mateix temps que es destacaven en negatiu les considerades tares o defectes físics dels desafectes i de tots aquells col·lectius socials considerats inferiors. En comparació amb el règim anterior, l'encarcarada República de Weimar, les consignes nazis semblaven d'un altre món.

Leni Riefenstahl a la portada de la revista Time del 1936 (Wikimedia, domini públic)

Lligat amb la imatge física i la mentalitat nacionalsocialista, hi ha l'adoració a l'heroi, al líder esportiu, que entronca perfectament amb la filosofia del gran home dels nazis agafada de Nietzsche. L'esport, esdevingué una eina perfecta que servia a l'entrenament militar, treure la por a ser ferit i reforçar la mentalitat de superació. S'inculcava els valors del benefici col·lectiu abans de l'individual, a costa del sacrifici propi, i el guany del més dur per oposició al més just. Els soldats de les SS feien una hora diària d'esport abans de començar la jornada, en dejú i destacaven aquest tret per sobre d'un soldat regular. Així mateix, com a anècdota, les temudes SA (abreviació d'*Sturmabteilung*) les tropes paramilitars d'assalt nazis que tant havien afavorit l'ascens del partit amb l'ús de la violència, estaven registrades com a secció esportiva del partit.

Qui s'encarregà d'introduir la teoria de l'esport va ser Kurt Münch el 1935, el mateix que va escriure al llibre "Coneixement sobre Alemanya" que "els atletes i l'esport són l'escola política preparatòria per al servei a l'Estat". Des d'aquest moment, la presència en grades destacades dels líders als esdeveniments esportius, els himnes i tota la parafernàlia nazi es van fer omnipresents als esdeveniments esportius, començant per les olimpíades del 1936. I fins a l'actualitat. Deia Münch: "un esportista és totalment, un element polític. És impossible que un club privat o un esportista es dediqui pel seu compte a l'exercici físic i l'esport. Això són afers d'estat." Aquests són els inicis del control de les diferents federacions, en teoria privades, pels corresponents estats, fins avui també.

És de creure que una tal activitat de neteja ètnica en l'esport, control de les entitats i propaganda, no passarien desapercebuts pels organismes internacionals. I per mostra un botó en el cas dels Estats Units, que per cert no van declarar la guerra a l'Alemanya nazi i van mantenir una posició que es podia qualificar, vist des d'avui, poc menys que de vergonyosa i que ja llavors aixecava polseguera. Per començar, el Comitè Olímpic Internacional (COI), en oberta connivència amb el nazisme, va respondre als manifestants partidaris del boicot a Berlín 1936 que eren uns "roigs comunistes". Abery Brundage (president de la delegació del COI als Estats Units des del 1929 al 1953) argumentava que: "les olimpíades no podien ser utilitzades pels jueus per boicotar els nazis". De fet, el 23 d'octubre de 1935, el Comitè Olímpic nord-americà declarava obertament que "els jueus no estan sent discriminats pels alemanys en les proves de selecció, simplement són menys bons." El 1935 va ser l'any en què els nazis van prohibir als jueus realitzar cap activitat privada o pública, el que incloïa l'esport, sense que el COI badés boca. És més, el mateix Abery Brundage va arribar a president honorífic del COI entre el 1972-1975, precisament pocs dies després de la matança de la delegació israeliana a Munic, i va ser molt criticat per no tenir cap gest ni paraula de record pels israelians.

Gimnàstica i dansa a la Kraft durch Freude (Autor desconegut, Bundesarchiv, Bild 146-1974-121-28A / CC-BY-SA 3.0.

La veritat és que en pro de la propaganda, durant les olimpíades de 1936, els nazis van retirar els rètols contra els jueus dels carrers, i el seguiment dels possibles dissidents estrangers es va encomanar a la policia secreta. Malgrat tot, els esdeveniments esportius van ser el que van ser (l'eclosió de Jeesse Owens, etc.), el que no va evitar l'adhesió de l'idolatrat baró Pierre de Coubertin de forma oberta al hitlerisme. Coubertin no s'hi va estar de realitzar un discurs clarament nazi a la clausura de Berlín 1936. Igual que altres membres del COI, defensaven el posicionament de Hitler obertament, pel que consideraven que cada país s'havia de representar sota la seva bandera, i els nascuts sense identificació no hi tenien drets. Es podria dir, a jutjar avui en dia, que aquelles teories publicitàries van triomfar.

L'organització social

Pel que fa a l'aspecte social de la pràctica de l'esport, l'organització central nazi que s'encarregava de l'espai d'oci, la "Kraft durch Freude" (força per l'alegria), en va ser la gran impulsora. Copiada, clarament, de la *Dopolavoro* de Mussolini, va ser la institució nazi més duradora, i de les més ben considerades per l'organització de vacances, inclosos creuers, festivals de teatre, oferta lúdica en general, entre la qual es trobava evidentment l'esport.

En aquest punt, les dones constituïen un problema per als nazis. D'una banda, el nacionalsocialisme els atorgava un paper passiu de productora de fèrtils aris, però d'altra banda els interessava la propaganda que els oferien els triomfs esportius femenins, els quals constituïen una peça més de l'engranatge de superioritat racial germànica. Finalment, s'optà per encasellar a les dones en especialitats esportives pensades per millorar la reproducció, tals com la gimnàstica o la natació.

Institucionalment, la teatralitat en l'exhibicionisme de la dictadura nazi a través de l'esport va anar a càrrec de la

"Nationalsozialistischer Reichsbund für Leibesübungen" o DRL (Federació nacionalsocialista del Reich per a l'educació física). Aquesta institució, creada un any després de l'arribada al poder del partit nazi, es va posar inicialment al capdavant d'una minoria d'esports mentre que la resta, controlats per associacions d'obrers (llegeixi's de tendències socialistes) simplement van ser prohibides.

Aquesta associació es va alimentar fins a substituir-la per la seva antecessora, creada el 1917 amb l'objecte d'impulsar els jocs olímpics que s'haurien d'haver realitzat a Berlín el 1916, però que no van poder ser a causa de la Primera Guerra Mundial, la: "Deutscher Reichsausschuss für Leibesübungen" o DRA (Comitè per l'educació física). La persona que faria d'enllaç entre les dues èpoques seria el controvertit Theodor Lewald, un personatge de la vella guàrdia de Weimar, utilitzat de mala gana pel règim nazi i definitivament defenestrat després de l'operació de rentat de cara a l'opinió pública internacional de les olimpíades del 1936. L'excusa per apartar-lo de la vida social va ser que estava casat amb una jueva (l'àvia de la seva dona ho era), així que des de la promulgació de les Lleis

Guanyar-ho tot, i tot.

Hi ha casos únics en la història d'equips o atletes que ho van guanyar tot. Aquest va ser el cas de Harry Vardon, home que va transformar el golf i que el 1896 va guanyar sis oberts, rècord encara sense igualar. El 1960, també el tenista australià Rod Laver va guanyar els quatre Grand Slams del circuit i a més, la Copa Davis. Gràcies a ell, el tenis va començar a esdevenir professional. Un altre cas únic i difícilment superable va ser l'equip del FC Barcelona de futbol de les sis Copes, que el 2009 ho va guanyar absolutament tot, amb majoria de jugadors i entrenadors de la casa, aspecte poc usual al futbol professional modern. La forma de joc i les tàctiques van fer famosa l'expressió "tiquitaca" en referència al moviment ràpid de pilota. I pel que fa a casos individuals dins els jocs d'equip, n'hi ha pocs com el desequilibrant Michael Jordan que va omplir els Chicago Bulls d'anells de l'NBA, encara que acompanyat d'altres grans jugadors a la seva ombra com Scottie Pippen.

de Nuremberg el setembre del 1935, es trobava en la corda fluixa. De fet, l'abril de 1933, Lewald ja havia dimitit del càrrec de "canceller organitzador de les olimpíades" del 1936 que el vell Hindenburg li havia atorgat.

El ministre de l'Interior nazi Wilhelm Frick, del qual en depenia l'esport, va interferir llavors en el procés d'elecció d'un nou líder per a l'esport. Així, l'abril de 1933, Hans von Tschammer und Osten, un home del partit i per cert, un líder de les SA, va entrar per substituir Theodor Lewald. Seria Hans von Tschamme qui lideraria la difunta DRA fins que, passades les olimpíades, apartaren definitivament al vell Theodor per refundar l'organització el 1938 com a la DRL, ja controlada del tot pel règim nazi.

Durant aquest interval de temps entre el nomenament de Hans von Tschammer el 1933, amb el manteniment de Theodor per motius d'aparença fins passades les olimpíades, i fins a la refundació en la DRL, era de fet Hans von Tschammer qui manava com a "dirigent líder esportiu alemany". Ell va instaurar la competició de la Copa de futbol a Alemanya. Tant és així que durant el període nazi, aquest torneig es va anomenar directament "Tschammerpokal". Actualment a Alemanya la copa s'anomena simplement DFB-Pokal (Deutscher Fußball-Bund: la copa alemanya de futbol).

Oficialment, la DRL va començar a caminar el 27 de juliol 1934, el mateix any que moria el president Hindenburg i Hitler s'autoproclamava Führer. Fins a assolir el seu total monopoli, es va dedicar a absorbir totes les federacions esportives sota el seu paraigua. La idea sobre l'esport de Hans von Tschammer no variava gaire de l'oficial del partit, per no dir gens: "cal millorar la productivitat dels treballadors alemanys", pel que l'esport passava a ser indispensable per a l'accés a determinats estudis. L'esport va ser una arma també en la lluita contra la influència de la religió i

> *Un cas especial pel que fa als jueus va ser la tiradora d'esgrima Helene Mayer. Era alta, rossa amb ulls blaus i esvelta... però jueva. Per aquest motiu se la va expulsar del seu club i va emigrar als Estats Units. Un cop allà, seguint la línia de dissimular, se li va oferir participar en nom d'Alemanya. I Helene va acceptar gustosament. En guanyar l'argent al podi va fer la salutació nazi, va saludar Hitler personalment i li va dedicar un sonor Heil Hitler!*

moltes institucions religioses mantenien associacions esportives amb les quals ajudaven els joves aturats. A partir de 1933 van ser comminades a fusionar-se amb d'altres més grans i la majoria van ser condemnades a desaparèixer. Tot havia de quedar sota el paraigua de l'estat. La dèria contra la religió es veié clarament en la instauració del dia de la Festa de l'Esport del Reich, implementat a sobre del Diumenge de la Trinitat, una important festivitat cristiana en totes les variants.

Evidentment, Hans von Tschammer no va tenir gaire temps per desplegar una política esportiva, perquè la Segona Guerra Mundial començava al cap d'un any de la refundació del 1938. L'últim gran esdeveniment de masses organitzat per la DRL va ser el 125è acte commemoratiu de l'alliberament del jou napoleònic que es celebrava anualment. El 1938 es realitzaren fastuosos actes a la ciutat de Wroclaw (a la Silèsia prussiana, avui Polònia) amb clara connotació política, on assistiren minories alemanyes, bàsicament de tot l'est, com el Banat o Transsilvània (avui territoris repartits entre Hongria, Romania i Sèrbia). Es reivindicava clarament la política de *Drang nach Ostern*, és a dir, la defensa de l'espai vital germànic cap a l'est.

La perversió en aquesta visió "popular" de l'esport, va començar a convertir-se en autèntica paranoia amb l'annexió d'Àustria el març de 1938. Àustria havia estat una potència esportiva, i les seves associacions van ser obligades a posar-se sota el control d'una DRL radicalitzada, que uniria els locals esportius amb els de les Joventuts hitlerianes. Finalment, els nazis van considerar que l'esport d'elit no tenia sentit, i el van prohibir. Al desembre del mateix any, el mateix Hitler "ascendia" la DRL a la categoria de dependent directament del NSDAP (el partit nazi) amb el nom de Nationalsozialistischer Reichsbund für Leibesübungen o NSRL, sigles amb què també fou coneguda l'organització. Internament, es configuraren 15 departaments, un per a cada branca esportiva, començant per la més important, la de la gimnàstica i diverses federacions, algunes de les quals encara existeixen avui.

A partir de començaments de 1939 (la Segona Guerra Mundial començaria al setembre), la feina de mentalització, imatge, monumentalisme i propaganda nazi ja estava feta. El militarisme es va anar imposant a totes les capes socials i anà substituint els valors de l'esport en un pas, vistos els precedents presos pel partit nazi, fàcil de comprendre. Els nazis van substituir l'art de Weimar que consideraven denigrant, per les figures classicistes ideologitzades de l'antiga Grècia i Roma que van ser molt útils per a la monumentalitat, igual que els grans estadis i esplanades, com el mateix estadi olímpic de Berlín. Van utilitzar tecnologia capdavantera, com la primera retransmissió esportiva en proves de televisió a Berlín per a les olimpíades de 1936, però sobretot van aconseguir que la ràdio fos la reina de les cases. Van inculcar una mentalitat de glorificació de la pròpia "raça" que encara avui, malauradament, atreu massa joves.

Era un pensament d'allò més fort, excepte per a la gent gran, de culte al cos fins i tot nu (però sense sexualitat), i va emprar com a eina de desnaturalització de l'individu. Als actes esportius nazis, no hi tenien cabuda les classes socials. Els uniformes tot ho tapaven, però alhora, la massa es menjava l'individu en una altra via per aconseguir soldats perfectes capaços de sacrificar-se pel seu líder. Cosa que trigarien poc a posar en pràctica.

Vèncer o morir

Pa i circ, futbol i feixisme

Autor: Jordi Bonvehí

El duce abans d'un partit de la selecció italiana al Mundial de futbol de 1934 (Bundesarchiv._Bild_102-09844-2C, Bunderarchiv 1930)

Diuen els més vells que Benito Mussolini només havia vist un partit de futbol en la seva vida, però això no li va impedir adonar-se de les possibilitats polítiques i propagandístiques que el joc de la pilota podia proporcionar. El feixisme, des dels seus orígens, exaltava dins dels seus valors suprems la joventut (l'himne feixista italià, *Giovenezza*, era tot un exemple d'això), l'acció, la força i la mateixa violència. No és estrany, per tant, que tots els règims feixistes potenciessin la pràctica esportiva com a forma d'educar els joves amb vista a un millor compliment dels deures envers la pàtria, i com a fórmula per forjar el caràcter i la disciplina que, se suposava, havia de tenir un bon feixista.

Imatge dels guanyadors celebrant la victòria sobre la mateixa gespa (Wikimedia, domini públic)

> *Itàlia es va omplir amb cartells anunciant el campionat, en els que s'hi representaven joves atletes saludant amb el braç en alt a l'estil romà.*

Feixisme i propaganda al futbol

Joseph Goebbels, cap de propaganda del Partit Nacionalsocialista Alemany, va postular una de les grans bases i fonaments de l'èxit de la publicitat: "No hi ha necessitat de dialogar amb les masses, els eslògans són molt més efectius. Aquests actuen sobre les persones com ho fa l'alcohol". I això va ser exactament el que va fer el govern d'"Ill Duce", utilitzant el futbol com a recurs.

Benito Mussolini mai va superar la frustració de perdre davant l'Uruguai la possibilitat d'organitzar el primer mundial de futbol de la història, és per això que les pressions de tot tipus que va exercir davant Suècia, en el marc de la postulació per al mundial de 1934, eren gairebé un deure. No és d'estranyar llavors que en un dubtós moviment "sense explicació", Suècia retirés de manera abrupta la seva candidatura per ser l'amfitrió del Mundial de 1934.

El futbol, una causa nacional

Itàlia es va omplir amb cartells anunciant el campionat, en els que s'hi representaven joves atletes saludant amb el braç en alt. Els partits s'iniciaven al crit de "Itàlia, Duce" i després d'això, i de realitzar la salutació feixista des del centre del camp, els *azzurri* sortien disparats cap a la victòria. Des de la llotja, Mussolini, seguia amb interès les evolucions del combinat nacional. No podien fallar. El que per a ells constituïa una pressió atroç, esdevenia por per als seus contrincants. La gran victòria feixista estava en marxa.

Organitzar la copa del món de futbol de 1934 va ser motiu de goig per a la Itàlia de Mussolini, que s'havia proclamat campiona del món. I per als seus jugadors? Un problema, i dels grans. Mussolini, abans del començament del torneig, va dir al president de la Federació de Futbol Italiana, amb "agradables" paraules, que havien de guanyar el torneig. *"No sé com ho farà, però Itàlia ha de guanyar aquest campionat. És una ordre"*. Per a Benito Mussolini, el torneig va ser una qüestió d'Estat. En els dies previs a l'inici del certamen, el Duce es va reunir amb els seus jugadors per advertir-los que si no aconseguien el campionat, la seva vida corria perill.

Vèncer o morir

Subtilesa en estat pur, la indirecta més directa que rebria aquest home en la seva vida. Al seu torn, els futbolistes italians rebien abans de cada partit un missatge molt recomfortant de Benito: "vèncer o morir". Com per no sortir al terreny de joc a córrer com mai. Els italians van guanyar aquest torneig. Ningú no ho hauria dubtat. Un torneig quadriculat perquè els amfitrions i Mussolini fossin feliços.

La selecció italiana comptava amb grans futbolistes, com el llegendari Giuseppe Meazza (que dona nom a l'estadi de San Siro de Milà), però també amb la inestimable i mafiosa col·laboració arbitral. Especialment escandalós va ser el partit de quarts de final que els italians van disputar contra el combinat espanyol. Al principi del partit, Mussolini va obligar els jugadors a realitzar la salutació romana, la feixista, mentre escoltaven l'himne nacional, fins i tot l'àrbitre de l'encontre feia la salutació, mentre els espanyols aguantaven la pressió sense caure en la provocació.

En la prèvia de la disputa de la final de la cita planetària, la consigna "vèncer o morir" va prendre un tenebrós tint de realitat, quan l'entrenador del combinat italià Vittorio Pozzo, va rebre en el cambril l'amigable visita d'un enviat del Duce, qui amb la calma d'un assassí va dir: "Bon dia, senyor Pozzo. Sap? Vostè és l'únic responsable de l'èxit... però que Déu l'ajudi si arriba a fracassar. Que tinguin un bon partit".

...I amb l'abúlia pròpia de qui no té més opció que seguir una ordre per protegir la seva vida i la dels seus dirigits, l'entrenador va dir als seus pupils que la seva única oportunitat era "guanyar o destruir l'adversari, en cas contrari tots ho passarem molt malament".

Final "sense sorpreses"

Amb la pressió de l'episodi previ, la selecció d'Itàlia va entrar a l'estadi Nazionale de Roma aquell 10 de juny de 1934 per disputar la final contra Txecoslovàquia, i malgrat que van començar el duel amb el marcador desfavorable, amb els agònics gols dels argentins nacionalitzats Orsi i Schiavio, van aconseguir finalment donar-li la victòria que tant anhelava a Mussolini, que va veure el partit des de la tribuna amb l'uniforme oficial del Partit Feixista Itàlia i rodejat per una cohort impressionant de camises negres.

"Aquest èxit va premiar la serietat, l'enteresa moral, l'esperit d'abnegació i la ferma voluntat d'un grapat d'homes que, per defensar els colors d'Itàlia, no van dubtar a aïllar-se del món durant quaranta dies, privant-se de qualsevol comoditat i ajustant-se a una fèrria disciplina... ", va escriure Vittorio Pozzo, amb orgull, un dia després al diari *La Stampa*. Se n'havien escapat d'una de bona!

Salutació entre els capitans abans del partit entre les seleccions d'Itàlia i d'Espanya (Wikimedia, domini públic)

Matthias Sindelar, el Mozart del futbol:
L'home que va marcar un gol a Hitler

Autor: Cèsar Sànchez

Durant la dictadura nazi (1933-45), molts esportistes van manifestar el seu desacord amb el règim. La majoria pagaren cara la seva honestedat, generalment amb la vida. Un dels casos més significatius va ser la del considerat millor esportista austríac del segle XX: Matthias Sindelar, anomenat el *Mozart del futbol.*

Retrat de Mathias Sindelar (Wikimedia, domini públic)

Sindelar era de Jihlava, un enclavament germànic dins la plana del país de majoria txeca. Per tant, formava part de dues minories: la jueva i la txeca. Com que dins la comunitat germànica del seu poble era pràcticament impossible prosperar, la seva família es va traslladar a Viena aprofitant el coneixement de l'idioma alemany.

El jove Matthias va destacar ràpidament en el futbol, practicant-lo al carrer. Entrà al Club Àustria-Viena, del qual en formà part fins a la seva mort. Sindelar va ser un primer crack de l'esport, adorat pels seguidors tant del seu equip com dels contraris. Era una persona coneguda i estimada tant dins com fora del camp pel seu tarannà senzill i honest.

Sindelar després de marcar un gol (Wikimedia)

El "Wunderteam"

> *Sindelar jugava de davanter, i per la seva forma d'escapolir-se dels defensors se'l va conèixer com "el jugador de paper.*

De complexió extremadament prima, Sindelar va ajudar que el futbol es convertís en l'esport de masses que és avui dia. Va formar part de "l'equip de somni" la selecció austríaca que entre 1926 i 1937 va meravellar el continent amb el seu joc. Els partits de Sindelar es comptaven per golejades, algunes d'elles espectaculars com contra Alemanya per 5 o 6 a 0, o contra Suïssa per 8 a 0.

La inflexió de l'equip la va marcar el Mundial de la Itàlia feixista del 1934 esmentat a la història anterior. Va ser un campionat completament manipulat. Itàlia havia de guanyar. A la batalla de Florència, els italians eliminaren a puntades de peu els representants de la república espanyola; mentre els austríacs eliminaven la potent Hongria. La semifinal seria Àustria, l'equip de Sindelar i companyia, el *Wunderteam*, contra la Itàlia feixista.

Davant la passivitat dels

La guerra del futbol, literalment.
En algun cas, els partits de futbol han estat vistos com l'espurna que encén discòrdies, com La Guerra del Futbol, anomenada així pel periodista polonès Ryszard Kapuscinsky. El conflicte va enfrontar Hondures i El Salvador només durant quatre dies, entre el 14 i el 18 de juliol de 1969, amb milers de morts i desplaçats. Poc abans, les respectives seleccions de futbol s'havien enfrontat fins a tres vegades amb l'objectiu de classificar-se per al mundial de 1970 en un ambient creixent de baralles i agressions. Van arribar empatats a un tercer partit, on el Salvador es va imposar als minuts de descompte per 3 a 2. En realitat, la causa cal cercar-la en el fet que ambdós països mantenien disputes frontereres i estaven territorialment descompensats. El Salvador era molt petit i malgrat això, tenia més població que Hondures, que acollia molts treballadors agraris salvadorencs.

àrbitres comprats, la selecció italiana repartia gecs d'hòsties sense dissimular a dreta i esquerra. El gol de la victòria, l'únic del partit, el van fer els italians empenyent el porter austríac dins la seva porteria amb la pilota a la mà. Gol. Sindelar encara no sabia que aquest seria el seu últim campionat, perquè al següent, Àustria seria ocupada pels nazis.

La repressió nazi

A vuitens de final del campionat del 1934, el porter espanyol Ricardo Zamora va aturar per primer cop un penal en un Mundial a l'equip brasiler.

La seva carrera va quedar estroncada el març de 1938. Alemanya s'annexionà Àustria seguint la seva política de *Lebensraum* (l'espai vital alemany). L'annexió, que havia estat precedida de la de Txecoslovàquia, va anar acompanyada d'un espoli planificat en tots els sentits. En els esports, s'aplicà les normes del partit a Alemanya i per tant, s'eliminà la selecció austríaca.

Amb la Copa del món de 1938 a la vista, els nazis veurien una altra possibilitat de propaganda com la de les olimpíades del 1936, comptant amb els jugadors austríacs incorporats a Alemanya. Entre ells el millor del moment, Sindelar. Però Sindelar es negà a col·laborar amb els nazis i no participà en el mundial. Deia que no volia sortir del país o simplement que estava lesionat. El futbol va esdevenir, a l'Àustria annexionada, com passaria amb el Barça durant la dictadura franquista, "més que un esport".

El camp de futbol va ser un primer lloc per mostrar la disconformitat vers l'Abschluß. Per protestar per l'expulsió dels

> *Hi ha un fil històric que porta del Wunderteam al Dreamteam. Va ser Ernst Happel, nascut el 1925 a Viena. Va viure tota la seva infantesa en l'ambient de Sindelar, al qual es deia que anaven a veure'l per aprendre a jugar a futbol, i va arribar a formar part com a jugador del Segon Wunderteam austríac de la dècada dels 60. Però seria com a entrenador que aportaria el caràcter revolucionari al futbol, dirigint la Taronja Mecànica el 1978 fins a la final del mundial. Cruyff va dir d'ell que era, igual de Rinnus Michels, un gran tàctic. És considerat un dels millors entrenadors de la història i l'estadi de Viena porta el seu nom.*

jueus i l'annexió de territoris com Txèquia. Una mena de torna, donat que des del 1933, eren precisament els nazis els qui havien polititzat del tot l'esport.

El gol als nazis

El 3 d'abril de 1938, els nazis organitzaren un partit amistós de comiat entre les seleccions d'Àustria i Alemanya. Aquest havia de ser l'últim partit de la selecció abans de la fusió. En aquesta ocasió sí que hi participà Sindelar. Donada la clara superioritat austríaca, les instruccions eren clares: el partit havia d'acabar empatat a zero. Tot plegat, era un acte de propaganda nazi més. Es volia que la selecció alemanya i l'austríaca fessin un acte de germanor germànica.

El partit va transcórrer entre innombrables ocasions de gol dels austríacs, incomprensiblement desaprofitades. Algunes de forma escandalosa, passejant-se davant la porteria alemanya buida amb la pilota i fer mitja volta sense marcar. Ja durant la segona part, alguna cosa va canviar. Sindelar va marcar al minut 70, i el seu company Karl Sesta arrodoní la gesta amb un segon gol. Les autoritats no sabien quina cara posar, i la gent va esclatar en aplaudiments i crits d'*Österreich, Österreich.*

Per celebrar-ho, els dos amics van córrer fins davant la grada d'autoritats, plenes dels oligarques nazis, i es van posar a celebrar el gol ballant i rient davant dels seus mateixos morros. Resultat final del partit: 2 a 0 i amb una enrabiada dels nazis monumental que li passaria factura a Sindelar només deu mesos després.

La mort de l'ídol

Sindelar va morir el 23 de gener de 1939, als trenta-sis anys, juntament amb la seva xicota italiana Castanolla al seu pis a Viena que encara es conserva. La causa oficial: una intoxicació per diòxid de carboni. Castanolla no va sortir mai del coma i Sindelar morí mentre dormia. Ambdós havien begut molt.

Les circumstàncies de la seva mort són encara avui un misteri. El dossier de la investigació va ser convenientment extraviat, però sí que s'ha conservat la fitxa que la Gestapo li tenia oberta. Tant ell com la seva germana i la seva xicota estaven sota investigació.

Qui és austríac? Això que pot semblar fàcil, no ho és gens. El mateix protagonista d'aquesta història era oficialment austrohongarès, com ho era Kafka o Hitler. I igual que tota la població nascuda entre el 1856 i el 1918 tant a Àustria, com a l'actual Txèquia, Eslovàquia, Croàcia i Hongria.

Oficialment, la mort es va signar com a "accidental" i provocada per una estufa de gas. Va ser una manipulació, perquè era l'única forma de retre-li un homenatge en forma d'enterrament d'estat. Si hagués estat declarat un suïcidi o assassinat, les normes nazis l'haurien prohibit. Egon Ulbrich, secretari del club entre 1933 i 1956, ho va declarar l'any 2000 durant un documental. Finalment, al seu enterrament hi assistiren milers de persones desafiant l'ocupació nazi.

Sindelar va esdevenir definitivament un heroi de la resistència. Actualment es troba enterrat a *Zentralfriedhof* i és un símbol de la identitat austríaca, i especialment vienesa. Fins i tot el carrer on jugava ha estat batejat de nou com a Sindelargasse (passatge de Sindelar).

Carl Diem, Riefenstahl i la lampadedromia

Tradicions que en realitat no són "de sempre"

Autor: Cèsar Sànchez

Qui no ha vist la famosa torxa olímpica i la cursa de relleus per encendre el peveter? Doncs per increïble que sembli, aquesta "tradició" es va realitzar per primer cop a les olimpíades de Berlín de 1936. Les conegudes com olimpíades nazis. I el peveter només existia des de les anteriors olimpíades d'Amsterdam. No és cap tradició antiga. La culpable de la imatgeria que tenim sobre aquests relleus de la torxa, i que s'ha anat repetint gràcies a la televisió, va ser Leni Riefenstahl, la cineasta favorita d'Adolf Hitler. Ella va fusionar mite i imatge documental a la seva pel·lícula "Olympia, la festa dels pobles" de 1938, creant una escola que arriba fins a l'actualitat.

L'èxit d'aquella actuació artística consistia a barrejar un poti-poti d'elements de mitologia clàssica grega, recreada amb actors, amb una prova existent a l'època clàssica, consistent en una cursa de relleus de torxes, la lampadedromia, una raresa en tractar-se d'una prova d'equips. Per a l'ocasió, els nazis es van treure literalment de la màniga una altra tradició que encara es manté: l'encesa de la flama amb l'ajuda del sol al temple d'Hera d'Olímpia per part de 10 vestals vestides íntegrament de blanc que acompanyen la sacerdotessa, i el trasllat d'aquesta flama per part de 300 relleus durant dotze dies fins a la seu a Berlín. Coubertin aplaudia aquestes ocurrències entusiàsticament amb les orelles.

El gran especialista en aquests temes, qui va rescatar la idea i la portaria a terme, va ser l'historiador Carl Diem. Diem, nazi declarat i casat amb una dona jueva, va ser rehabilitat per les forces ocupants i exerciria com a historiador especialitzat en esports, a la República Federal Alemanya (RFA) fins a la seva mort.

Un gol de la ideologia ària nazi a l'olimpisme

Els nazis van aconseguir un cop d'efecte monumental en mostrar com s'enllaçava el món clàssic amb Alemanya, alhora es donava una puntada de peu al cristianisme i l'ideari nazi guanyava imatge de moviment modern i transgressor.

La base mitològica es fonamentava en el tità (o fill de tità) Prometeu, convertit en icona sacrificada en favor de la humanitat. Zeus havia castigat els mortals llevant-los el foc. Llavors Prometeu pujà a l'Olimp amb una torxa i robà una guspira de la farga d'Hefest per donar-la als homes. Zeus castigà aquesta gesta severament i encadenà Prometeu a una roca del Caucas. De dia, una àliga se li cruspia el fetge i de nit se li regenerava a causa de la seva immortalitat. A Prometeu, doncs, se'l relaciona amb el control del foc per part de la humanitat, però també amb els sacrificis i l'aparició de la dona. Fins i tot de forma tardana, cap al segle IV aC se'l relacionava directament amb la creació dels primers homes a partir del seu model en fang als quals Zeus aportà l'ànima.

La flama, encesa pel sol, representa encara molt més. El sol és la saviesa, com al mite de la caverna de Plató, que il·lumina amb els seus rajos la humanitat. El fet de transportar la torxa, és una representació del robatori de l'espurna per part de Prometeu. Amb aquestes idees, no hauria de sorprendre que Carl Diem, durant la defensa els últims dies de Berlín a la Segona Guerra Mundial animés el jovent alemany a "morir com a espartans" aprofitant el mateix estadi olímpic.

La història, però, sovint té sortides sarcàstiques. Després de tota aquella parafernàlia, Jesse Owens, com veurem a la propera història, "un negre", acabaria erigint-se en el gran heroi d'aquelles olimpíades i per extensió, també de la pel·lícula

L'esportivitat de l'esport.

És curiós com molts esportistes d'elit, tot i sense arribar a la violència, no responen a aquesta aspiració de *fair play* derivada del mot esport. És més, alguns van fer-se enormement populars, ells i els seus respectius esports, precisament per la seva mala actitud en el terreny de joc. El clàssic dels "enfadats simpàtics" va ser el tenista John McEnroe, trencaraquetes professional i escridassador d'àrbitres expert, protestant habitual de jugades que va popularitzar la frase "la bola va entrar!". Un dels moments estel·lars de McEnroe va ser el 1981 a Wimbledon, quan es va encarar a l'àrbitre per una primera sacada que no li van donar com a vàlida amb el famós "*You cannot be serious!*" amb els braços oberts, mentre el públic, que ja se'l coneixia, aplaudia a rabiar. Es va quedar una bona estona davant l'àrbitre amb posició de rebequeria, amb els braços plegats, però no va aconseguir res més que distreure el públic.

"Olympia". Leni Riefenstahl, una de les millors cineastes de la història, acabaria al Sudan, a l'Àfrica, fent reportatges fotogràfics després de diverses acusacions (sovint interessades) de col·laboració amb els nazis, de les quals sempre va resultar-ne absolta. Només als anys de la dècada dels 70 del segle passat se la reconeixeria per aquests treballs i seria reconeguda i rehabilitada, tot i que encara criticada.

Blancs i negres, veritats i mentides, vencedors i perdedors
El cas de "Luz" Long

Autor: Cèsar Sànchez

De vegades, a la història les coses no són o blanc o negre, i la perspectiva del temps dona més elements de judici. Comencem aquesta història així, perquè va d'allò més bé per presentar-ne els protagonistes: Jesse Owens (negre) i Karl Ludwig Long, més conegut com a "Luz" Long (blanc). Owens va passar a la història com

Jesse Owens en plena cursa als jocs olímpics del 1936 (Pixabay, Creative Commons)

l'atleta que als jocs olímpics de 1936 a Berlín, representant als "decadents Estats Units", feu que els nazis s'haguessin d'empassar les seves teories racials via rectal amunt. Owens va aconseguir quatre medalles d'or, una d'elles en salt de llargada per davant del nostre segon protagonista, l'alemany Luz Long, que va obtenir la medalla d'argent quedant per sempre més a l'ombra del gran campió.

Tots dos protagonitzaren, el 4 d'agost de 1936, davant 100.000 espectadors i tota la plana major nazi, l'anomenada: "Guerra dels Colors". Les olimpíades del 1936 a Berlín, malgrat passar a ser conegudes com les olimpíades dels nazis, en realitat no les van demanar ells sinó que en arribar al poder s'havien trobat amb la feina feta. En part, era una mena d'acte de descàrrega per les que s'haurien d'haver celebrat a Berlín el 1916,

Imatge del podi dels jocs olímpics del 1936, amb Owens, Tajima i Long (Bundesarchiv, Bild 183-G00630 / Unknown / CC-BY-SA 3.0)

i que la Primera Guerra Mundial havia frustrat. I no només això, sinó que a les següents d'Anvers de 1920, en el marc de les imposicions draconianes als vençuts, no s'havia deixat participar a Alemanya. Així, els nazis es van trobar amb una patata calenta que van intentar gestionar com millor van poder, fent-se propaganda, però alhora intentant que no se'ls veiés massa el llautó. Difícil.

Una de les situacions que no suportaven els nazis era precisament la presència d'atletes negres. Se suposava, però, que els aris atletes germànics els passarien la mà per la cara, i un d'aquests aris que tenien tal compromís era Luz Long. Luz era el prototip nazi d'ari: alt, ros, d'ulls blaus i atlètic... representava a la perfecció l'ideal del règim. Però Luz, malgrat fins i tot suposades ajudes arbitrals, no va poder amb Owens.

El resultat de la Segona Guerra Mundial va fer que s'identifiqués Jesse Owens com un ídol de la llibertat, el cel personificat, poc menys que el campió de la tolerància i la igualtat; mentre que els vencedors van demonitzar la figura dels vençuts, personificant-la en la del "perdedor nazi" Luz Long.

Luz, nascut el 1913 fill d'una família relativament benestant, va patir la crisi del crac del 29, cosa que no li va impedir rebre estudis universitaris. Va participar a les olimpíades precisament mentre era estudiant de Dret a la universitat de Leipzig, i la seva possible reticència a formar part del partit nazi (arribats al poder l'any 1933) es va acabar després de les olimpíades de Berlín. El seu nom quedà marcat. No era un "nazi dels de primera hora" (segons identificació dels mateixos nazis), de manera que el 1937 va haver d'entrar a l'organització d'estudiants nazis per poder acabar la carrera i doctorar-se. Segurament en un acte de constricció l'any següent entrà a les temudes SA amb rang.

Així i tot, després de fer d'entrenador físic per a l'exèrcit regular alemany, l'abril de l'any 1943 va ser mobilitzat i enviat al front, tracte gens habitual del règim amb els esportistes d'elit. El juliol del mateix any, segons consta a la seva làpida, va morir. Des de 1961 es troba enterrat al cementiri alemany de Motta de Sant'Anastasia, a Catània (Sicília), però la seva mort no va ser mai del tot clara i encara dona per llegendes urbanes i alimenta teories conspiratives, des que va ser assassinat a trets a Berlín i traslladat a Itàlia per encobriment fins que va morir al front, però no precisament a mans dels nord-americans.

Pel que fa a Owens, això de ser negre no era, a la primera meitat del segle XX, gens fàcil als Estats Units. Jesse havia nascut a Alabama, al cor de l'Amèrica racista i segregacionista el mateix any que Luz i per sort per a ell, la seva família es va traslladar a Ohio a buscar millors oportunitats durant la Gran Migració, quan ell tenia nou anys. El seu avi era esclau i en aquella època, fins i tot als estats del nord hi havia poques oportunitats de prosperar per als negres, pràcticament limitades als esports i la música. Es donava una mena d'apartheid, potser més dissimulat que al sud però igualment eficaç.

Per aquest motiu, amb tota seguretat Jesse no va trobar res d'especialment diferent a l'Alemanya nazi respecte el seu propi país. Al revés, segons les seves paraules, va tenir sempre un bon record de Berlín i de la simpatia de la seva gent.

Mentides i Veritats

A Berlin 1936, Luz ja era conegut i havia guanyat medalles als campionats europeus, igual que Jesse als Estats Units, pel que segurament havien sentit parlar l'un de l'altre. Jesse va explicar com Luz el va ajudar a passar el tall. Els jutges havien decretat dos nuls a Owens per mala posició del peu i només li quedava un intent. Jesse explicà com Luz se li acostà i l'aconsellà que fes el salt uns centímetres abans d'arribar a la ratlla de marca, i efectivament va passar el tall, suposadament gràcies al consell.

El racisme sempre ha estat present als esports.
Pelé, considerat el primer jugador mediàtic i un dels millors futbolistes de la història, va reconèixer que durant els partits li deien "macaco", "criollo" o "ximpanzé". Qui va destacar en la lluita contra el racisme va ser el boxejador Cassius Marcellus Clay, i també gestos com el puny aixecat de John Carlos i Tommie Smith a les olimpíades de Mèxic de 1968. "L'ús de negre" per a aconseguir èxits esportius fa que la presència en determinats esports sigui del tot desproporcionada, per exemple a l'NBA més del 80% dels jugadors són afroamericans, mentre que els percentatges de la seva presència en càrrecs directius o d'entrenadors són escandalosament irrisoris, reflex del sistema educatiu (les beques universitàries) i les desigualtats econòmiques. Un efecte semblant al de la selecció francesa campiona del mundial del 2018 de futbol conformat en bona part per jugadors amb doble nacionalitat, donat que el 2018 només quatre dels vint-i-tres jugadors tenien pares nascuts a França, catorze d'ells d'origen africà, fet que va aixecar comentaris de tota mena. Jugadors com Patrice Evra (membre de la selecció entre 2004 i 2015) van denunciar constants insults racistes, que la federació francesa negava. I això no és patrimoni "d'occidentals", el brasiler Neymar anomenà al japonès Hiroki Sakai "xinès de merda" el 2020, en un partit entre el PSG i l'Olympique de Marsella.

Aquesta anècdota encara és explicada i recollida a bona part de les enciclopèdies.

En la següent ronda es va produir el duel: Luz trencà tots els rècords amb un salt de 7,87 metres, salt que va repetir, però va ser superat per Owens amb 8,06 metres, un rècord que duraria 25 anys. En aquell moment, Luz se li acostà per ser el primer en felicitar-lo i estrenyent-li la mà, just davant els nassos de tota la plana major nazi, Hitler inclòs.

Tot això ho sabem segons les històries explicades per Owens i recollides a l'autobiografia publicada el 1970 anomenada "The Jesse Owens history". Però aquesta podria ser una de les grans mentides històriques de l'esport. Long mateix, al diari local "Neue Leipziger Zeitung" va donar la seva versió de com havia anat tot: simplement, Luz es va acostar a felicitar-lo i abraçar-lo quan tot havia acabat i Owens li va respondre que "sense ell no ho hauria pogut fer". L'anècdota de la suposada ajuda de Luz a Owens, per tant, sembla que no va existir mai, almenys tal com Jesse la va explicar cara a cara a Kia, el fill de Long, a la pel·lícula "Jesse Owens torna a Berlín" de 1964.

El mateix fill de Long va fer un exhaustiu treball de recerca anomenat "The Luz Long Story Athletes in the Third Reich" on hi ha una mancança absoluta de proves: ni rastre de l'amistat ni de la correspondència per part dels hereus de la família, malgrat el gran recull documental realitzat.

Per acabar-ho de rematar, hi ha el desmentiment de la història per part del mateix Owens recollida per l'especialista en olimpíades Tom Ecker. L'any després del film, Ecker entrevistà Owens i li feu l'observació clau: "ningú va veure que Luz se t'acostés durant els salts, ni els jutges, ni els altres competidors, ni el fotògraf que no et va perdre de vista tota l'estona... com pot ser això?" Owens va respondre reconeixent (sempre segons Ecker) que efectivament, la història l'explicava només "perquè era el que la gent volia escoltar", però que no era certa. Només se li va acostar al final per felicitar-lo i prou. Tal com va havia declarat Luz.

A les memòries de 1970, Jesse també va explicar que la seva amistat amb Luz va ser conreada durant la seva estada a Berlín i mantinguda per carta, fins i tot començada durant la Segona Guerra Mundial. Segons aquestes cartes, Luz hauria demanat a Jesse que quan acabés la Guerra, anés a Alemanya i li expliqués al seu fill sobre ell i els temps en què la guerra encara no els havia separat. Però un cop més, tot plegat sembla conseqüència de la deformació en la memòria de Jesse més que no pas d'una mala intenció de mentir. El que sí que sembla cert, segons testimoni de la mare de Long i les evidències gràfiques, és l'existència de l'abraçada final i certa cordialitat. La mare de Luz relata que el mateix Rudolf Hess prohibí a Long "abraçar un negre mai més". El duel va ser intens, i les emocions segurament estaven a flor de pell.

Malgrat tot això, encara queda marge per als amants de les intrigues i les conspiracions. L'equip americà va ser convidat després de les olimpíades a fer una gira per Europa. Però Jesse va abandonar-la per tornar als Estats Units, on deixaria l'esport per passar a fer de relacions públiques i organitzar espectacles. Ell denuncià que igual que Hitler, el president Roosevelt tampoc el va rebre i es lamentava que a la fi, havia d'anar un altre cop al seient del darrere dels autobusos, al capdavall no deixava de ser "un negre".

Malgrat que no va donar suport explícit al gest del puny dels compatriotes de les olimpíades de Mèxic, durant els disturbis racials del 1968 va rebre tot tipus d'insults. Mai va aclarir què havia passat.

L'impulsarien a abandonar? Explicaria això l'exaltació de Long? Per què va fomentar tantes mentides en llarg de la seva vida? Com a venjança per alguna manipulació política? Va mentir Owens en un intent de netejar la imatge del seu amic? El cert és que el seu reconeixement de la veritat, més enllà de ser "el negre que va vèncer els nazis" arribaria tard, quan ja hi havia hagut canvis per fomentar les garanties de drets civils dels negres als estats del sud dels Estats Units. Gerald Ford li concedí la medalla a la Llibertat només quatre anys abans de morir, i George Bush pare, la medalla d'or del congrés a títol pòstum el 1990, deu anys després de la seva mort. Fins a l'arribada d'aquests reconeixements, "el vencedor dels nazis" va haver de sobreviure amb problemes econòmics tota la vida, per acabar morint de càncer de pulmó a causa del tabac.

No cal dir que no va practicar l'atletisme mai més. Long, ni tan sols va tenir l'oportunitat de viure tants anys per veure com el discriminaven… o potser l'haurien convertit en campió de la tolerància per ser blanc? Va mentir Long sobre l'anècdota per sobreviure? No ho sabrem mai.

Una cosa és tot certa: el gest de fraternitat després del duel, encara que ara sembli innocent (malgrat que potser modificat i tergiversat per Owens) en uns moments històrics molt difícils, amb tota seguretat li costà la vida a Luz Long. Per això el 1964, coincidint amb la pel·lícula i la visita d'Owens a Alemanya, se li va lliurar a Luz la medalla a l'Esperit Esportiu Pierre de Coubertin a títol pòstum.

Una última medalla per a un gran gest més enllà de les "Guerres de Colors". De fet, se li va lliurar per l'anècdota del consell que mai es va produir… però a qui li importa? Per això es fa difícil dir qui va vèncer i qui va guanyar de veritat en aquest assumpte.

El gitano que va humiliar els nazis

El boxador Johann Trollmann

Autor: Jordi Bonhevί

Johann Trollmann (anomenat "Rukeli") era jove, ràpid i fort, però també era gitano en un moment i país equivocat: l'Alemanya sota el domini dels nazis. Al cap de sis dies d'aconseguir el títol de campió d'Alemanya va ser desposseït del mateix perquè el seu estil de boxa no era el d'un esportista ari que es regia pels cànons estètics racials i acadèmics

Imatge de Trollman (Wikimedia, domini públic)

que volien pels esportistes alemanys. Poc després, en un combat posterior, Trollman va protagonitzar un dels fets més extraordinaris i potser menys coneguts de la història de l'esport. Un gest tràgic propi d'un heroi de l'antiga Grècia, un gran sacrifici amb el qual va ridiculitzar i caricaturitzar la suposada "superioritat de la raça ària".

Trollmann va néixer el 1907 i va créixer als barris més humils de la ciutat de Hannover. De la mà del seu entrenador, el boxador jueu Erich Seelig, s'havia llaurat una prometedora carrera esportiva en la boxa professional. Però el seu estil de boxa irritava cada vegada més als ideòlegs nazis, ja que era molt popular pel seu ràpid ball de cames i moviments curts, que contrastava amb l'estil dominant en l'època, d'estil "pinxo" i evocador d'un guerrer més que d'un esportista. "Efeminat", o "res a veure amb la boxa ària de veritat" eren algunes de les perles que li dedicava el 1932 el *Völkischen Beobachter* ("L'Observador Popular"), butlletí oficial del Partit Nazi.

Tot i això, el 9 de juny de 1933, amb només vint-i-cinc anys, Trollman disputà el títol nacional de la categoria de semipesant contra l'alemany Adolf Witt (campió de pes pesant), en teoria un rival més dur i fort per la seva constitució física i pes corporal. Un combat desigual entre David i Goliat en què Trollman va fer valer el seu ball de cames que treia de polleguera els nazis. Després de sis assalts, el gegant Witt estava a punt de trencar-se en bocins, esgotat davant l'agilitat d'un Trollmann que es movia a una velocitat que el colós Witt no podia aturar, i la victòria per punts era clara per Trollmann. Però aleshores, l'Associació Alemanya de Boxa controlada pels nazis va passar a l'acció. El "gitano Trollmann" havia de ser desqualificat per evitar una derrota que anava més enllà d'una desfeta esportiva.

Els jutges del ring van ordenar aturar el combat i van declarar un empat. El públic es va rebel·lar i va exigir la victòria per

Johann Trollmann. Els jutges, a punt del linxament per la massa enfurismada que no acceptava la seva estúpida decisió, es van veure obligats a declarar finalment Trollmann campió d'Alemanya. Johann va plorar de felicitat al mateix ring, i precisament aquesta va ser l'excusa perquè només sis dies després li fos retirat el títol. La raó oficial fou el seu "pobre comportament" (plorar en el ring, un boxador!) i per desvirtuar el noble art de la boxa, ballant al ring com si fos una sala de festes amb músiques decadents, com el jazz. La veritable raó per retirar el títol a Trollman: ser gitano i per a més inri, tenir un entrenador jueu.

Dos mesos després es va organitzar un nou combat en què Trollmann va ser obligat a participar-hi. Les autoritats nazis volien venjar la derrota de Witt i acabar amb la perillosa popularitat del jove gitano... però aquesta vegada els nazis controlarien el combat des del primer instant per evitar sorpreses inesperades. Van prohibir taxativament a Trollmann moure's del centre del ring i utilitzar el seu famós ball de peus per esquivar els cops, i el van amenaçar que perdria la seva llicència si utilitzava el seu popular ball.

El que va passar a continuació va ser, com dèiem al principi, un dels fets més extraordinaris, sacrificats i poc coneguts de la història de l'esport europeu. Trollmann va aparèixer al ring amb els cabells tenyits de ros i tot el seu cos cobert de farina, en un gest de clara provocació, burla i caricatura cap a la imatge del "guerrer ari" amb la qual la propaganda nazi estava enverinant als alemanys. Durant el combat es va quedar immòbil al centre del ring, amb les cames separades i sense esquivar, un darrere l'altre, els cops de maça del seu rival, Gustav Eder, famós pels seus poderosos ganxos. En Johann va resistir fins a cinc assalts (i això que no va etzibar ni un cop al seu contrincant) i va caure a terra totalment banyat en sang. Gustav Eder va passar a formar part de la vergonya de la boxa mundial per tombar a un rival que ni tan sols es va dignar a lluitar.

El 1939 va ser reclutat per la Wehrmacht per lluitar al front oriental. Era la forma d'evitar la mort de la seva família, a canvi del "servei desinteressat al Tercer Reich." El 16 de desembre de 1942, Himmler signà el Decret d'Auschwitz, en el que els gitanos s'equiparaven als jueus i se n'ordena la deportació. Trollman fou enviat al camp de concentració de Neuengamme. Ni la raó ni la data exacta de la seva mort quedaren prou clares. No obstant això, el 2008, un llibre de Roger Repplinger revela que el 1944 Trollmann va disputar al camp de concentració un combat de boxa organitzat contra un *kapo* (presos que treballaven per a la SS) i Johann el va derrotar. El kapo, exasperat i humiliat per un gitano, va agafar un pal i va colpejar a Trollmann fins a matar-lo. El nom del kapo era Emil Cornelius.

Va haver de passar mig segle perquè la figura de Johann Trollmann fora públicament reconeguda. La Federació Alemanya de Boxa va reconèixer el seu títol de forma pòstuma l'any 2003 i va lliurar el cinturó de campió als seus descendents. A la ciutat de Hannover, un carrer porta el seu nom i a la ciutat d'Hamburg, davant del que va ser el gimnàs on va guanyar els seus millors combats, s'hi va instal·lar una placa en record seu. Al parc Viktoria de Berlín hi ha un altre monument dedicat a la seva memòria. Es tracta d'un ring que recorda la figura de Trollmann i totes les humiliacions a què va ser sotmès pels nazis.

De la guerra freda a l'era global de l'esport

Un cop sintetitzat tot el bagatge històric i destil·lat pel nazisme, la guerra freda va representar la culminació de la influència de la política sobre l'esport. La política de blocs, el soviètic i el nord-americà amb els seus aliats, i especialment les dues alemanyes, era un camp obert de batalla per a l'esport ho eren la cursa espacial o l'armamentística. La guerra freda es va colar arreu, provocant situacions entre còmiques i viscerals, si no fos que al darrera sempre hi havia el perill real d'un xoc diplomàtic seriós de primer nivell. Un clar exemple va ser "la batalla d'Hamburg" de 1974 en la qual es van enfrontar per única vegada en la història les seleccions de futbol de la RDA i la RFA. Alemanys contra alemanys, en un partit on en l'últim moment es va imposar la RDA amb un solitari gol al final del partit d'un fins llavors desconegut Sparwasser.

La principal característica d'aquest període fou l'esclat tecnològic, que de rebot facilità la difusió d'espectacles a un nivell mai vist (planetari) i per tant, la intervenció definitiva dels interessos econòmics. Clars exemples en són la *Super Bowl* o *el Clasico.* I amb ells, les contínues crides al boicot per part d'un o altre bloc. Els esportistes, que ja havien esdevingut professionals, si bé fins als anys 70 eren ben retribuïts, però tampoc una cosa exagerada, a mesura que avançà el segle XX molts esdevindran multimilionaris, especialment els de l'esport majoritari, el futbol.

Com que l'esport esdevé planetari, i un aparador "nacional" per excel·lència, molts estats fins al moment van començar a trobar el seu aparador mediàtic per a la política. Per exemple, la Xina que trobà aquest espai de quota de poder a través del tennis de taula. I no només això, sinó que va afavorir les relacions de la Xina amb els Estats Units.

Precisament, els vencedors d'aquesta disputa serà el model dels Estats Units. El model social, econòmic i esportiu nord-americà s'imposarà després de la Segona Guerra Mundial a pràcticament tot el món. L'èxit, especialment individualista, i els fenòmens de masses, van ser possibles primerament gràcies als transports, especialment el ferrocarril. El que va ser un èxit a nivell intern, després de la Segona Guerra Mundial, amb la millora i l'augment dels transports transatlàntics, va passar a Europa, on també milloraren molt les comunicacions internes.

El model econòmic nord-americà de consum desenfrenat comportà l'aparició de tot d'elements al voltant de l'esport: premsa groga, complements i equipaments, grans obres per a la construcció d'instal·lacions, publicitat, etc. Un gran moviment de diners que finalment va comportar la necessitat de seguretat, per la gran repercussió mediàtica dels actes esportius.

El boig món dels escacs
El cas d'Alexander Alekhine

Autor: Cèsar Sànchez

Molta gent pensa que en no saber jugar als escacs, no s'entenen "les seves" bromes i menys la història d'aquest esport, però això no és cert. Quan es veu un jugador concentrat, clavant els colzes a la taula aguantant-se el cap, ningú sap què passa, contràriament a quan veiem un atleta córrer o una pilota moure's, i això crea respecte.

Anem d'entrada, doncs, a trencar aquest mite. Vegem un exemple. Un dia, el gran jugador David Bronstein (1924-2006), considerat un dels més grans jugadors de la història que mai va ser campió mundial, es va passar ni més ni menys que 50 minuts pensant una jugada contra el seu amic Boleslavsky. Sí. Potser algú diria "normal"... però és que era per fer la primera jugada i començar la partida! El millor de tot és que a sobre va guanyar. Bronstein ja les tenia, aquestes coses. Sovint trigava 10 o 15 minuts a "arrencar", però 50, era molt. Interrogat pels periodistes pel motiu d'aquesta tardança a fer el primer moviment, el Gran Mestre va dir "és que no recordava on havia deixat les claus de casa".

El món dels escacs, per molt que no ho sembli, segurament és dels que ha donat més anècdotes i jugadors sonats, o que com a mínim, estaven com un llum de ganxo, de la història dels esports. I és que els escacs, i el seu entorn, afavoreixen que determinades actituds que semblarien grotesques en qualsevol altre cercle, aquí esdevinguin, a tot estirar, simplement "excentricitats". I això és transversal a totes les èpoques. Del munt d'exemples que hi ha, podríem citar des del mateix Alekhine (que va llançar peces, enrabiat, de punta a punta d'una sala de joc al millor estil McEnroe), del qual parlarem seguidament, passant pel més conegut Bobby Fisher (capaç d'ignorar-ho tot en una conferència, mentre ell jugava sol amb uns escacs portàtils) fins a

Qui ha dit que els escacs són una cosa tranquil·la i avorrida?

Els escacs han patit persecució i prohibicions en llarg de la història, especialment per part de les religions i encara és font de conflictes teològics i polítics, especialment a l'Orient Mitjà. El 2020 va tornar a ser motiu d'una fàtua a l'Aràbia, que el prohibeix perquè fomenta les apostes i és una "pèrdua de temps" i l'Iran no vol que els seus escaquistes s'enfrontin als israelians. A Europa, des del segle XII es van anar legislant mesures restrictives, perquè se'l considerava dins la llista dels jocs additius on es feien fortes apostes i feia perdre el temps. Fins al segle XVII no es relaxarien aquestes normes. Gioachino Greco, àlies El Calabrès (1600-1634) va ser la primera persona que va escriure sobre aquest esport i va deixar anotades unes setanta partides compilades, en anglès, al llibre *The Royal Game of Chess-Play*, inclosa la primera referència al mat de la guitza de cavall o la famosa obertura Siciliana. Algunes excuses per justificar la prohibició dels escacs han estat que pervertia les ments de les persones, que fomentava la violència o que era un instrument de satanàs.

arribar a Ivantxuk (que sortia a mitja partida de la sala de joc- en el seu temps- i es posava a fer flexions en el hall de l'hotel de torn o se n'anava a fer una volta rapideta de fúting). Potser per això l'aiatol·là Khomeini (1979-1989) va prohibir jugar als escacs a l'Iran, considerant, paradoxalment, que "contribuïa a una mentalitat d'agressió i violència".

Una altra característica de molts jugadors d'escacs són les seves implicacions polítiques, volgudes o no. A tots els règims del món els ha agradat comptar sempre amb l'ésser "més intel·ligent" del món, és a dir, amb el millor jugador d'escacs. Aquesta relació popular (intel·ligència = escacs) portava als escaquistes d'abans de la limitació de temps i dels rellotges a dir que "Per jugar a escacs el que es necessita no és un bon cervell, sinó un bon cul", en referència a les hores que passaven asseguts. Aquesta relació amb la política es va veure molt clarament durant la Guerra Freda, però també és transversal a totes les èpoques. Podríem citar aquí una pila de jugadors exsoviètics com Viktor Korchnói, durant molt de temps el jugador en actiu més gran (va morir el 2016), nacionalitzat suís des del 1992, o l'excampió del món Boris Spassky, nacionalitzat francès, com el nostre protagonista Alekhine; o Gary Kasparov, militant polític, detingut arran del cas de les Pussy Riot per mossegar-li l'orella a un agent estil Tyson, i que s'ha hagut de refugiar als Estats Units per evitar les contínues pallisses i detencions i que finalment va demanar la nacionalitat croata. I per esmentar algú no soviètic, el mateix Fisher, que va acabar els seus dies nacionalitzat islandès.

Una altra cosa que distingeix el món dels escacs és l'edat precoç dels seus jugadors, que combinat amb una dilatada carrera esportiva, fomenten encara més les anècdotes. Actualment tenim el cas del noruec, campió del món el 2016 amb vint-i-set anys, Magnus Carlsen que es pot convertir en el millor jugador de la història d'aquest esport. Carlsen ja era Gran Mestre als tretze anys, el seu ELO (rànquing de jugadors) és el més gran mai aconseguit, i la seva rapidesa jugant és quasi insultant.

Del nostre protagonista, Alekhine, no sabem del cert si jugava als escacs de jove, tot i que és molt possible, perquè fou la seva àvia qui va ensenyar-li a jugar. Amb tot, va haver d'aprendre d'amagat de la seva família i el seu primer torneig que se li coneix va ser per correspondència quan tenia deu anys. La seva carrera ascendent va començar "de gran", amb disset anys.

Els escacs van ser el segon esport a la història en comptar amb la figura d'un "campió del món", oficialment des de 1886 tot i que la idea era molt anterior. El primer va ser un altre esport de masses… el billar. El nostre Alexander Alekhine va ser el quart campió del món de la història recent dels escacs i l'únic fins avui que s'ha endut a la tomba el títol.

La prepotència

Un altre dels aspectes dels jugadors professionals d'escacs seria la prepotència, i si hi ha algú que s'emporta *la palma* és el nostre Aleksandr Aleksàndrovitx Alekhin, més conegut per la forma afrancesada del seu nom, com a ell li agradava anomenar-se, Alexander Alekhine (o també Aliojin). Com ell mateix va dir, Alekhine va ser una víctima de les dues guerres mundials. Havia nascut al fred Moscou el 1892, i morí als cinquanta-quatre anys a Portugal. Fill de família acomodada, va morir en la misèria després d'una intensa vida amorosa, agitada per les fortes convulsions polítiques de la primera meitat del segle XX. El seu orgull el va portar a presentar-se borratxo a més d'una exhibició i pixar-se davant de tothom en nombrosos actes públics.

Alekhine forma part dels jugadors que fan la transició dels escacs de l'època clàssica, amb els Anderssen (amb la seva partida "la immortal") o Morphy, cap a la contemporània, iniciada per l'austrohongarès Steinitz. Per a ell, els escacs eren encara un art més que no pas una operació de càlcul matemàtic, però alhora ha passat a la història com el model de jugador agressiu i d'atac per excel·lència. Les seves teories tàctiques formen part avui dia de la formació avançada de qualsevol escaquista. Ell és el primer gran jugador contemporani, juntament amb el cubà d'origen català, José Raúl Capablanca i Graupera (Capablanca), a qui arrabassà el títol de campió del món el 1927.

Va ser un jugador trencador, original, capaç de saltar-se fins i tot les normes més elementals. Per exemple, va popularitzar l'obertura (fase inicial d'una partida) que porta el seu nom. La principal característica d'aquesta obertura és saltar-se la primera regla de l'obertura en escacs, a saber: no moure mai la mateixa peça dos cops. Doncs ell, i amb negres, es dedicava a moure la mateixa peça fins a tres cops, a sobre els tres primers moviments i seguits. En la seva vida, també va ser trencador, era posseïdor d'una memòria que espantava, literalment. Una vegada, el 1919, obligat a fer una mica de tot per sobreviure, va rebre una persona anomenant-lo pel seu nom, davant la sorpresa de l'home li va dir que el coneixia perquè: "fa quatre mesos va anar a buscar una medicina per a la seva filla Anna a la farmàcia i accidentalment, vaig sentir la seva conversa". Va continuar amb una precisa descripció de la roba i complements que portava l'home aquell dia, però no va poder acabar perquè aquest va fugir corrent espantat. Com aquesta, se li atribueixen anècdotes d'anys de recordar detalls. A més, se li coneixen quatre parelles oficials, i segurament una d'extraoficial.

El "gran mestre"

Alekhine, junt amb Capablanca, van ser dels primers jugadors a passar de la categoria de "Mestre Internacional" a "Gran Mestre", el 1914. Era l'any que començava la Primera Guerra Mundial i a Alekhine el va sorprendre a Mannheim, Alemanya, quan liderava en solitari un torneig. Els dies 28 i 29 de juliol

Alekhine contra Capablanda al torneig de San Petersburg del 1914 (Jacov Bladimirivich Steinberg, Wikimedia, domini públic)

Rússia es mobilitzava per donar suport als seus aliats serbis i l'1 d'agost Alemanya declarava la guerra a Rússia, de manera que Alekhine i 10 jugadors més russos van ser internats a Rastatt i el torneig suspès. A mitjans de setembre, a quatre d'ells se'ls va permetre tornar a casa, via Suïssa, entre els quals hi havia Alekhine. La resta de jugadors van córrer sorts diverses. Gràcies a la intervenció tant dels jugadors alemanys com de l'organització, es va acordar una de lliurar una indemnització com a premi, i Alekhine va rebre 1.100 marcs, l'equivalent avui en dia a poc més de 10.000€. Aquests diners li permetrien sobreviure a la guerra.

Va ser precisament arran d'aquests fets, que importants jugadors del moment, com Lasker, amic d'Albert Einstein, van accelerar les converses per crear una federació que regulés incidents com aquest als campionats, però sobretot que posessin ordre a la figura del campió del món. La FIDE es va crear finalment el 1924, d'aquesta manera es pot entendre el seu eslògan: "Gens una sumus" (som un sol poble). Fins que la FIDE no va posar-hi ordre, el campió del món imposava la seva llei i els candidats havien d'adaptar-se a les seves condicions. Actualment, la FIDE té 181 estats associats, els escacs estan reconeguts pels comitès olímpics de 117 estats, i reconegut directament com a esport a 107.

Una de les coses a tenir en compte d'Alekhine és el fet que inicià el domini rus sobre el món dels escacs, substituint així als germànics, que al seu torn havien substituït a anglesos i francesos. Actualment, això està tornant a canviar.

Un objectiu clar: ser campió del món

A la Rússia natal d'Alekhine, les aigües baixaven tèrboles. Durant la primera fase de la guerra va sobreviure fent exhibicions fins que va ser enviat al front austríac amb la Creu Roja on va continuar fent simultànies. Amb l'esclat de la Guerra Civil Russa (1918-1922), conseqüència de la revolució de 1917, Alekhine va començar a tenir problemes. El seu pare, que havia estat membre de la Duma, el parlament rus, va ser detingut i empresonat pels bolxevics d'una txeka a Odessa acusat de fer d'espia pels anomenats Blancs i va estar a punt de ser afusellat. Els seus coneixements d'idiomes (en parlava sis) i les amistats, en tractar-se d'una persona coneguda, el van treure de la txeca, però va començar a pensar a marxar del país, donat que li feien la vida impossible.

Aquí entra en joc la faceta privada d'Alekhine. Gràcies a un permís per veure la que ja era la seva segona esposa, la suïssa Anneliese Rüegg, va aconseguir sortir de Rússia. Ja no tornaria a la seva pàtria i a Anneliese Rüegg la deixaria el mateix any 1921. A la seva primera esposa, Anna von Sewergin, amb la qual només va estar uns mesos i va tenir-hi una filla, tampoc la va veure mai més. Enmig, encara havia tingut una altra parella, de la qual se'n sap poc més que era funcionària. Una constant va ser el seu gust per les senyores més grans que ell i si podia ser, vídues. Anneliese era 13 anys més gran que Alekhine.

Fins al 1927, Alekhine es va centrar a assolir el seu màxim objectiu: ser campió del món d'escacs. Les anomenades "Normes de Londres" no li posaven les coses fàcils. L'enfurismava perdre, una característica seva més. El 1923, va guanyar el torneig de Karlsbad perdent només una partida, contra un dels últims classificats. Aquell dia es va retirar a la seva habitació d'hotel, que va destrossar a cops.

L'any 1927 va ser important per a Alekhine: va obtenir la nacionalitat francesa, fet que passà mentre per fi jugava el campionat del món contra Capablanca a Buenos Aires i es tornava a casar per tercera vegada, aquest cop amb Nadezhda Fabrítskaya, una vídua d'un general rus 8 anys més gran que ell. La seva carrera va anar en ascens des d'aquell any, a la vegada que el consum desproporcionat d'alcohol. Mai més va tornar a enfrontar-se amb Capablanca, malgrat les pressions de la FIDE i la insistència d'aquest en una revenja, cosa que fa sospitar que l'evitava. Sí que va defensar el títol dos cops, contra rivals de menor importància. També van anar a l'alça, ajudat per l'ampolla, les seves declaracions des de París contra els bolxevics. De fet, li havien confiscat absolutament tot el patrimoni familiar, i es mantenia del que guanyava jugant a escacs, ara bé... que tant ingressava, tant es gastava en beguda. Com a resposta a les seves declaracions, l'URSS el va repudiar i aquests fets tindrien un efecte col·lateral més endavant, quan la tensió anà creixent fins al punt que Alexei, el seu germà que encara vivia a l'interior de l'URSS, va ser assassinat el 1939.

La rivalitat amb Euwe

Aquí arriba un dels episodis més coneguts de la vida d'Alekhine, els seus enfrontaments amb el neerlandès Dr. Max Euwe pels campionats del món. Euwe era, precisament, matemàtic. El 1935, Alekhine va perdre el títol davant seu, presentant-se sovint a jugar sota els efectes de l'alcohol. Amb tot, recuperaria el títol dos anys després un cop recobrada momentàniament la serenor. En una ocasió, durant el segon encontre, un periodista li va demanar com havia trobat el joc d'Euwe, i ell va respondre "com sempre". Resulta que Euwe en una entrevista anterior havia afirmat que "havia fet l'idiota".

Com a bon maniàtic, Alekhine també era supersticiós i tenia una addicció als gats. Durant el primer enfrontament amb Euwe s'emportava els seus dos gats, anomenats *Chess* i *Lobeidah*, que sovint posava a sobre de la taula de joc, arribant els gats a llençar alguna peça. En el segon encontre amb Euwe es va conformar a portar algun jersei amb gats dibuixats, sabedor que a Euwe no li agradaven. Euwe no va pensar mai que fos cap estratègia per desconcentrar-lo, i més aviat era de l'opinió que Alekhine "era així". El mateix 1935 Alekhine va viatjar a Varsòvia amb motiu d'un campionat per equips, defensant França. En arribar a la frontera polonesa li demanaren els papers, al que ell va respondre: "Soc Alekhine, campió mundial d'escacs i tinc un gat que es diu *Chess* (escacs), no necessito cap documentació".

Durant la primera meitat de la dècada dels 30, fins a perdre el títol davant Euwe, Alekhine va viatjar per tot el món com una figura famosa. Alhora, el seu alt consum d'alcohol es va començar a fer públic i notori. El 1934 es casaria per quarta i última vegada, aquesta vegada amb Grace Wishaart una dona 16 anys més gran que ell i amb diners. Nadezhda, que havia aguantat i acompanyat a Alekhine en la millor part de la seva carrera no ho va suportar i al cap de poc, va morir. El cop que representà la pèrdua del campionat l'espavilà de cop, i el seu nou amor quan tenia quaranta-dos anys per una dona de cinquanta-vuit l'impulsava. A més a més, Grace també era jugadora d'escacs. Sembla que es va desintoxicar fins a aconseguir un altre cop, recuperar el títol el 1937, però després, i en això Grace no el va ajudar, va anar caient altre cop en l'alcoholisme. Ja no el deixaria fins a morir, pel refús de candidats i per la Segona Guerra Mundial.

Esclata la Guerra

Poc abans de començar la guerra, Keres, l'anomenat "mestre sense corona" (va guanyar 9 campions del món), havia superat tots els millors jugadors del món al campionat d'AVRO als Països Baixos, inclòs Alekhine, però quan s'intentava organitzar el repte contra Alekhine pel campionat del món, esclatà la guerra. Keres, estonià, va veure envaïda la seva terra pels soviètics primer, pels alemanys després, i novament pels soviètics i ell va ser acusat d'espionatge (cosa típica i tòpica contra els escaquistes) per totes bandes. A Alekhine, aquesta vegada, com a la major part dels millors jugadors del moment, l'esclat del conflicte l'agafà a Buenos Aires on es disputaven les Olimpíades d'Escacs organitzades per la FIDE. Una anècdota d'aquests Jocs Olímpics van ser la participació d'un estat curiós, el "Protectorat de Bohèmia i Moràvia", en realitat Txecoslovàquia, la qual havia estat annexionada pel Reich. Per més inri, l'Alemanya nazi també hi participava, però no Àustria, també annexionada, tot i que un dels jugadors "alemanys" en realitat era austríac.

Els Jocs van acabar el dia 19 de setembre de 1939, la guerra havia començat el dia 1. Tots els escaquistes europeus, molts d'ells jueus, van decidir no tornar. Inclosos els jugadors de l'equip de l'Alemanya nazi, que tampoc van tornar! Alekhine, però donat l'origen jueu de la seva dona, o no se sap el motiu, sí que va tornar. Si la Primera Guerra l'havia arruïnat i fet perdre el contacte amb la seva família, ara començaria un altre via crucis per les batalles ideològiques.

Comença aquí una llegenda negra del jugador, agafat pels nazis en una mena de suborn després de l'ocupació de França i que no tingués temps de fugir cap a Amèrica. Per mantenir la integritat de la dona i els seus interessos econòmics a França, Alekhine es va veure forçat a fer el mateix que havia estat fent pels bolxevics durant la revolució: exhibicions i fer la gara-gara per al règim nazi, formant part de la cara amable que tot règim totalitari, de vegades, vol mostrar. Aquí és on recobrem allò dels efectes col·laterals de les crítiques als bolxevics, que van servir, sembla, per tal que els nazis mostressin simpatia per Alekhine i difonguessin articles suposadament d'Alekhine, convenientment manipulats, amb matisos antisemites.

A aquestes alçades, l'ampolla s'havia tornat a fer la millor companya d'Alekhine. Quan la guerra va començar a anar malament pels de l'Eix, Alekhin, com tants nazis, va passar a la "neutral" Espanya el 1943, on ja a la baixa en el terreny esportiu, malvivia gràcies a l'ajuda d'admiradors i amics escaquistes com el portuguès Francisco Lupi. Grace no va poder obtenir un visat, per la seva condició d'americana i d'origen jueu, i va haver de romandre a París, ja no es tornarien a veure. Repudiat pel món dels escacs per la seva "col·laboració" amb els nazis i amb el fetge com una esponja, el seu joc ja no va tornar a ser com d'abans de 1937, quan havia recuperat el títol de campió del món.

L'abril del 1944 protagonitzà una de les seves típiques aparicions, borratxo, a unes simultànies que va resoldre amb uns pèssims resultats. Anava tan begut que va enrocar la dama de

Partida entre Alekhine i Euwe el 1937 (Wikimedia, domini públic)

llarg en comptes del rei, i això després d'haver enrocat el rei! La víctima d'una jugada tan il·legal com estrambòtica era el fill de Miguel d'Unamuno, que finalment va guanyar la partida al "campió". L'agost de 1945 passà per Sabadell, on va jugar un torneig en el marc de les festes locals que evidentment, va guanyar. El nivell dels jugadors catalans d'aquella època era de riure i sempre autodidacta. Abans de Sabadell, havia passat per Gijón, on va coincidir amb una altra d'aquelles figures utilitzades políticament, el nen prodigi mallorquí Arturo Pomar, "Arturito", qui va aconseguir fer-li unes taules al gran mestre i arrencar-li un comentari elogiós.

El 1946, quan s'organitzava un nou enfrontament pel títol mundial amb Botvinnik, ja acabada la guerra (Keres el refusava per nazi), Alekhine va morir a Estoril, Portugal, sol, a l'habitació d'un hotel. No havia tornat a veure la seva dona, que s'havia quedat a França i no va ni assabentar-se de la seva mort. El seu funeral, en vistes que ningú reclamava el cadàver, va anar a càrrec de la Federació Portuguesa d'Escacs i hi assistiren només 12 persones. Si a occident el refusaven injustament per nazi, a l'URSS la seva "obertura Alekhine" va ser rebatejada com a "Defensa Moscovita" per tal de no haver ni de pronunciar el seu nom. Desapareixia així de tristament un dels millors escaquistes de la història, víctima de dues guerres i al qual acabaren odiant tots els bàndols, pel crim de sobreviure.

Certament, Alekhine era una persona asocial (per dir-ho finament), acostumada a guanyar (73% de victòries en més de 2.000 partides d'alt nivell), sense comptar partides de costellada, i de molt mal perdre. En paraules de Vladas Mikenas, "després de perdre es va estar tres dies sense dirigir-me la paraula, malgrat que les nostres relacions eren bones". La seva mort sobtada, amb tants enemics, va aixecar sospites, com no podia ser d'una altra manera, i encara avui genera discussions. El seu fill (de la seva segona esposa oficial, Anneliese Rüegg) està convençut que va ser assassinat. L'any 1956, la FIDE va prendre la iniciativa de traslladar les seves despulles a la seva Rússia natal, però la seva quarta dona, Grace Wishaart, va fer valdre els seus drets perquè finalment fos enterrat on actualment es troba, a París.

La mort sobtada del gran campió d'escacs Alekhine el 1946, amb tants enemics, va aixecar sospites. Com no podia ser d'una altra manera, el geni dels escacs encara avui genera discussions. El seu fill (de la seva segona esposa oficial, Anneliese Rüegg) està convençut que va ser assassinat. I hi ha detalls que semblen venjances.

Si Alekhine va ser una persona excèntrica en vida, que vivia per a i dels escacs, la seva tomba a Montparnasse no podia ser menys original. I no s'ha salvat d'una anècdota, si més no, curiosa. La part inferior de la tomba d'Alekhine a Montparnasse, a París, és un tauler d'escacs. El desembre del 1999, una forta tempesta va destrossar la tomba. En reconstruir-la, l'artista era evident que no sabia jugar a escacs, o no s'hi va fixar, o és una broma de mal gust. Efectivament, si sabeu jugar a escacs i alguna vegada us hi acosteu cal fixar-s'hi: el tauler està al revés!

El miracle de Berna 1954

La gran selecció hongaresa passada per aigua

Autor: Jordi Bonvehí

L'any 1954 només hi havia un favorit per al Mundial de futbol de Suïssa: la selecció d'Hongria. Els magiars eren la gran selecció del moment. Els seus triomfs eren indiscutibles. De fet amb els números a la mà, no havien perdut ni un sol partit en quatre anys i comptava amb autèntics genis de la pilota com Puskas, Kocsis, Hidegkuti i Czibor. La majoria jugaven al Budapest Honved. Quan els tancs soviètics van envair Hongria el 1956, molts dels titulars de la selecció hongaresa van decidir no tornar al seu país i van demanar asil polític. La majoria van acabar a l'Espanya franquista, ja que el seu paper de fervents anticomunistes va ser explotat pel règim amb molta habilitat. D'aquesta manera, els millors jugadors del país van acabar jugant a la lliga espanyola. Puskas, la gran estrella de la selecció, va acabar recalant al Reial Madrid i Kocsis i Czibor van fitxar pel FC Barcelona.

Hongria, era el màxim aspirant a la cinquena edició del Mundial de la FIFA. L'Uruguai (defensora del títol) i el Brasil (subcampió) seguien en opcions a la selecció europea. El favoritisme de l'anomenat "Meravellós equip hongarès" es basava en la seva obtenció de la medalla d'or en els Jocs Olímpics d'Hèlsinki de 1952. També era una generació irrepetible de brillants futbolistes que encapçalava Ferenc Puskas, secundat per Sandor Kocsis (golejador del Mundial 1954, amb 11 gols), Jozsef Bozsik, Nándor Hidegkuti i Zoltan Czibor. I per si això no fos suficient, en el terreny de joc van confirmar la seva categoria el 25 de novembre de 1953 amb una demolidora victòria per 3 a 6 sobre Anglaterra al mític estadi de Wembley. La primera derrota dels anglesos a casa seva en tota la seva història. Els inventors del futbol eren derrotats per una selecció estrangera. Hongria va arribar al mundial de Suïssa amb una ratxa de 31 partits invicte (27 victòries i quatre empats) des de maig de 1950. La premsa els veia com a favorits i ningú dubtava que serien els grans campions.

El mundial de 1954

El Mundial de futbol de 1954 va significar el retorn a Europa de la Copa del Món després de la devastació de la Segona Guerra Mundial. No és casualitat que el país que el va acollir fos un dels pocs que no havia estat afectat per la guerra i la destrucció: la neutral i pacífica Suïssa.

El favoritisme d'Hongria es va anar confirmant durant el torneig. Els seus resultats, més que partits de futbol, eren exhibicions de gols. En el seu camí cap a la final, varen derrotar Corea per 9 a 0, Alemanya per 8 a 3 (atenció amb aquest resultat), ell Brasil per 4 a 2 i l'Uruguai per 4 a 2. Era una mitjana de 6,25 gols per partit, una autèntica barbaritat.

Per la seva banda, Alemanya no sempre va ser la potència futbolística, política i econòmica que tots coneixem ara. El seu camí fou més discret. De fet, a principis dels anys 50 era menyspreada per bona part dels europeus. Va ser just després de la seva derrota a la Segona Guerra Mundial i de la divisió del país en dos estats "alemanys" l'any 1949, i semblava que Alemanya mai més tornaria a ser un país important al continent. Els alemanys estaven exclosos de la FIFA i aïllats pel seu passat nazi, per la qual cosa no havien participat en la Copa Món de 1950 del Brasil. Gràcies a gestions diplomàtiques, la selecció teutona va ser admesa a contracor a la cita de 1954, a Suïssa, a la qual va arribar en silenci i sense el favoritisme de la premsa, i amb recels de la resta d'aficionats europeus.

L'any 1954, els alemanys encara recordaven el discurs del papa Pius XII advertint del perill de la televisió. A la ciutat de Wolfsburg s'hi fabricava l'escarabat número 600.000 de Volkswagen i a Berlín occidental hi apareixia la primera botiga de calçat amb autoservei. La República Federal d'Alemanya només tenia cinc anys d'edat i semblava que començava a sortir del forat

Helmut Rahn supera el porter hongarès Gyula Grosics a la final de la Copa del Món de 1954 (Wikimedia Commons)

de la guerra. La selecció alemanya de futbol aconseguia, amb una victòria per 3 a 1 enfront del Sarre, que en aquells dies no formava ni tan sols part de la República Federal, la classificació per a la Copa del Món a Suïssa. A la ronda preliminar, Alemanya havia jugat contra Turquia (que havia eliminat la selecció espanyola amb un peculiar desempat) i després contra Hongria, fulminada amb vuit gols. Contra Turquia, l'equip de l'entrenador nacional Sepp Herberger guanyà per 4 a 1, però contra Hongria perdria clarament per 8 a 3. Un resultat que deixava les coses clares: Hongria no tenia rival i seria la campiona. No obstant això, l'equip format per Fritz Walter, Helmut Rahn i altres es classificava per a la següent ronda. En el transcurs del torneig, Alemanya derrotava a Iugoslàvia 2 a 0 i als seus veïns d'Àustria per un contundent 6 a 1 i arribava, per a sorpresa de tots, a la final de Berna contra Hongria.

La final de Wankdorf de Berna: la pluja i els tacs intercanviables

El 4 de juliol de 1954 a l'estadi Wankdorf de Berna, magiars i germànics van disputar la final amb un dels resultats més impressionants de la història dels mundials de futbol. Tothom tenia coll avall que Hongria guanyaria la final. L'únic dubte era el del jugador Ferenc Puskás, que arribava a la final després d'una lesió. La resta semblava ja escrit i els periodistes concentrats a les tribunes especulaven amb la quantitat de gols que rebria el combinat alemany.

Aquell dia plovia sobre Berna, un fet que acabaria passant factura als hongaresos. Els alemanys portaven botes de la marca *Adidas* de tacs intercanviables, cosa mai vista fins llavors en un partit de futbol. Una revolució en el calçat que acabaria per marcar el destí del futbol i concretament, el de la final d'aquell dia. El canvi de tacs dels jugadors alemanys durant el partit els va permetre d'adaptar-los al terreny de joc mullat. Els hongaresos jugaven amb calçat tradicional, tot i la pluja i l'aigua. La seva superioritat tècnica els feia immensament superiors encara que el camp fos una autèntica piscina i anessin per terra més d'una vegada. Puskas va avançar els hongaresos en el minut 6 i Czibor va fer el 2 a 0 al 8, dos gols ràpids que feien pensar el pitjor pels alemanys. Però tot just dos minuts després va marcar Morlock. I no gaire després, la qui esdevindria estrella Helmut Rahn, conegut amb el sobrenom de *Der Boss*, va marcar el gol de l'empat. Quedaven 70 apassionants minuts de futbol sobre un escenari mullat i sota una pluja insistent.

Els dos finalistes van tenir ocasions clares per marcar gol, sobretot els hongaresos que es van fer un fart de xutar i el porter alemany Toni Turek va aturar més d'una pilota sota la mateixa línia de gol. I en el minut 86 arribà el miracle, Helmut Rahn va marcar el gol de la història, el 3 a 2. Tot i això, encara quedava temps perquè els hongaresos marquessin, per mitjà de Puskás, però el gol va ser anul·lat. Va acabar el partit i Hongria va veure tallada la seva espectacular ratxa en el pitjor escenari: la final d'un Mundial. Els alemanys, derrotats a la guerra i expulsats fins fa poc de les competicions internacionals, havien aconseguit el seu primer mundial de futbol.

El miracle sobre l'aigua s'havia complert i la premsa internacional es feia creus de com la gran Hongria havia estat derrotada per una selecció a totes llums, clarament inferior. Els tacs intercanviables de les botes de futbol *Adidas* havien permès els jugadors alemanys aguantar-se drets sobre la gespa mullada.

Avui en dia, l'empresa *Adidas* segueix mantenint el seu centre d'investigació al poble de Scheinfeld, on va néixer i on el 1925 va patentar el seu primer producte, i presumeix de ser l'inventor dels tacs intercanviables. En aquella final de 1954, els magiars relliscaven i anaven per terra, mentre els alemanys seguien dempeus; l'invent d'Adi Dassler va funcionar, i la seva marca va quedar unida de per vida a Alemanya.

> *El mític capità alemany que dona nom actualment a l'estadi del Kaiserslautern, havia estat presoner a un camp de concentració i allà va agafar fòbia a la calor. Preferia jugar partits ennuvolats, com va ser el cas, fins i tot millor si plovia una mica. Per tant, aquell dia a Berna es va trobar com peix a l'aigua. Avui en dia encara es fa servir l'expressió en alemany Fritz-Walter-Wetter (un temps Fritz Walter) per referir-se a un dia de joc amb un clima gris.*

Aquesta victòria es va convertir en mítica per tota una generació d'alemanys que patien la dura postguerra i als qui van participar-hi, en una llegenda: Sepp Herberger (seleccionador nacional), Fritz Walter (capità i cervell de l'equip), el propi Helmut Rahn i el porter Toni Turek. El relat radiofònic d'aquella final és recordat gràcies al crit del locutor Herbert Zimmermann després de la parada de Toni Turek a l'últim minut del partit: "*L'ha aturat, l'ha aturat. Toni, Toni, tu ets un déu del futbol!*". Aquest primer miracle, el futbolístic, va suposar el tret de sortida per a l'altre gran miracle alemany, l'econòmic, que va aixecar un país destruït i en runes, fins a convertir-lo en la primera potència econòmica d'Europa.

La batalla de Melbourne de 1956

El partit de waterpolo més recordat

Autor: Jordi Bonvehí

El waterpolo és un esport molt minoritari, i no gaudeix del mateix suport dels aficionats ni tampoc dels mitjans de comunicació esportius com d'altres que tots ja sabem. Som molt pocs els que podem anomenar cinc waterpolistes famosos. Tot i això, existeix un partit de waterpolo que ha passat a la història com el partit més violent dels Jocs Olímpics. Soldats, bales, trinxeres, tancs, cinc mil morts i més de dues-centes mil persones condemnades a l'exili era el que les estrelles de la selecció hongaresa de waterpolo van haver de carregar-se a l'esquena durant els jocs olímpics. A un mes de la inauguració dels Jocs de Melbourne de 1956 -celebrats al novembre per coincidir amb l'estiu a l'hemisferi sud-, començava la Revolució Hongaresa contra la invasió soviètica. Els hongaresos s'havien revoltat contra el comunisme soviètic i es van veure atrapats en un combat contra els tancs russos i de tot el Pacte de Varsòvia. Els jugadors magiars van quedar bloquejats prop de Budapest durant un entrenament, sense poder acomiadar-se de les seves famílies. De fons, soroll de trets i edificis arrasats.

Arrenquen els Jocs

El primer que van veure els membres de l'equip de waterpolo d'Hongria en arribar a la ciutat australiana de Darwin van ser els titulars d'un diari local: "Tropes soviètiques envaeixen Budapest". Tot i que la majoria no sabien llegir en anglès, van reconèixer les fotografies en blanc i negre de la seva ciutat natal i la notícia els va omplir de terror. Els nedadors formaven part de l'equip olímpic d'Hongria, guanyador de la medalla d'or en els Jocs de Hèlsinki del 1952.

Bust de Dezso Gyarnmat, el capità de la selecció hongaresa de waterpolo (By Fmvh [CC BY-SA 3.0, Wikimedia Commons)

Els Jocs de Melbourne es van disputar amb tranquil·litat tot i la tensió produïda pels enfrontaments bèl·lics entre hongaresos i soviètics. Aquest darrer era la segona vegada que anaven a uns jocs, després dels d'Hèlsinki. Abans de la Segona Guerra Mundial els soviètics no volien saber res de jocs. "Sentíem que no jugàvem per nosaltres, sinó pel nostre país", van declarar els jugadors hongaresos més tard en diferents entrevistes a mitjans occidentals. Partit a partit, van anar guanyant fent ús d'una estratègia fortament defensiva. Les tensions esportives entre ambdós equips es venien produint des de feia temps. Els magiars dominaven el waterpolo mundial amb tres ors i dues plates des de 1928, mentre que els soviètics estaven iniciant-se en aquest esport. Havien quedat setens a Hèlsinki 1952, on van ser derrotats pels hongaresos per 5 a 3.

El 6 de desembre de 1956 va tenir lloc el partit corresponent a la semifinal del torneig de waterpolo de les Olimpíades entre Hongria i l'URSS. A Budapest, les tropes soviètiques intentaven aplacar la revolució sense miraments. A Melbourne, els àrbitres només van veure el que succeïa sobre l'aigua. Per sota: cops de puny, de genoll i fins i tot puntades als genitals. El rus Valentin Prokopov, cansat de patir les agressions dels seus rivals, va respondre amb un brutal cop a la cara a l'estrella d'Hongria, Ervin Zádor, que va sortir de l'aigua sagnant. Va ser llavors quan el públic, que donava suport als hongaresos, es va llançar contra la banqueta soviètica per insultar-los i escopir-los sense miraments. Donada la situació i el perill imminent d'agressions als membres de la banqueta, la policia australiana es va veure obligada a intervenir. La ràpida actuació de les forces de l'ordre va evitar un linxament als russos que hagués passat tristament a la història. Els àrbitres, veient que el resultat era molt favorable als hongaresos i que mancava només un minut per acabar l'encontre, van decidir suspendre el partit per evitar una autèntica batalla campal.

El resultat va fer justícia als magiars: Hongria 4 - URSS 0.

Després de l'URSS, els hongaresos van superar a la final els iugoslaus (2 a 1) per assolir el seu quart or olímpic.

Durant els Jocs, els hongaresos va rebre el suport incondicional de la comunitat hongaresa d'Austràlia i de pràcticament el món sencer. Els hongaresos que vivien a Austràlia estaven indignats per la invasió soviètica del seu país. De fet, molts d'ells es van organitzar i van oferir diners, feines i un lloc per viure a qualsevol atleta que volgués desertar del jou soviètic. Quaranta-vuit d'ells van acceptar el suport i no van tornar a Budapest.

Un altre problema era l'aïllament informatiu que patien els membres de la delegació olímpica hongaresa. Per transmetre informació entre l'interior i l'exterior de la vila olímpica es van crear canals de comunicació clandestins i el corredor australià Shirley Strickland, de fet, va ser acusat d'intercanviar cartes secretes dels expatriats hongaresos. La majoria dels 48 atletes que van desertar, tard o d'hora van marxar als Estats Units. Amb els anys, van formar part de la gira per la "Llibertat Hongaresa", un tour pels Estats Units protagonitzat per atletes del país que havien fugit de l'URSS. El Tour de la Llibertat va recórrer fins a 59 ciutats nord-americanes i va ser més un esdeveniment lúdic i polític que esportiu. En plena Guerra Freda, la propaganda antisoviètica i anticomunista era un producte que es venia fàcilment. També fou una demostració del gran potencial hongarès. La majoria dels atletes que van participar-hi van utilitzar el tour per promocionar-se i assegurar un treball i llar a la seva nova pàtria.

El bany sagnant a la pantalla: "Freedom's Fury"

El "bany sagnant" com posteriorment va batejar la premsa el partit, va passar a la història com un dels moments de màxima tensió dins dels Jocs Olímpics, però per a Hongria va tenir un efecte doblement positiu: no només va servir per derrotar l'URSS, encara que fos en el pla esportiu… sinó que a més va donar ales als atletes per buscar la llibertat arreu del món, gràcies al suport de molta gent que els va veure disputar aquell partit contra l'URSS. L'any 2006, amb motiu del 50è aniversari de la Revolució hongaresa de 1956, la pel·lícula documental "Freedom's Fury" va explicar la història del partit de waterpolo. Entre els productors de la pel·lícula hi destacava el cineasta Quentin Tarantino, que va descriure aquell partit a l'aigua com "la millor història que m'hagin explicat mai". El film comptava també amb un narrador de luxe, el nedador Mike Spitz, que havia estat entrenat per Ervin Zádor, famós gràcies a la fotografia on sortia amb la cara ensangonada. Precisament el documental explicava la història de Zador, la jove estrella de l'equip de waterpolo olímpic convertit en heroi hongarès un cop va caure el comunisme al país magiar l'any 1989.

Alguns membres de la selecció hongaresa de Waterpolo del bany de sang de Melbourne, en un acte el 2004. D'esquerra a dreta: László Jeney, Kálmán Markovits, György Kárpáti, Antal Bolvári, Dezső Gyarmati. (By Thaler Tamas [CC BY-SA 3.0, Wikimedia)

La reina de la primavera de Praga destronada pels tancs soviètics

La núvia de Mèxic i la maledicció de la katana

Autors: Jordi Bonvehí, Cèsar Sànchez

La protagonista d'aquesta història és Vera Čáslavská, reina de la gimnàstica esportiva mundial als anys 60 i dona amb un dramàtic destí. Degut al seu suport al procés democratitzador cap a "un socialisme amb rostre humà" de la primavera de Praga de 1968, va ser marginada durant vint anys pel règim comunista soviètic, que fins i tot la declarà "persona non grata" al seu país. La trajectòria de Vera Čáslavská va estar molt marcada pel seu compromís polític amb el seu poble i l'admiració que li va professar el poble mexicà durant el seu exili.

La gimnasta Vera Čáslavská és, juntament amb el fondista Emil Zátopek, la més cèlebre figura de la història de l'esport txec. Čáslavská va guanyar deu medalles olímpiques en gimnàstica esportiva. D'elles set d'or i dues de plata. Tot i que no treia deus com la romanesa Nadia Comaneci, és una de les gimnastes més grans que ha donat la història. Va ser quatre vegades campiona del món i fins a 11 vegades campiona d'Europa en la seva categoria.

> *La majoria de nens i nenes de l'Europa socialista tenien un munt d'oportunitats per practicar esports de tot tipus, algunes vegades per iniciativa pròpia i d'altres per "iniciativa" dels membres dels partits comunistes i dels aparells de l'estat, que volien atletes i esportistes per demostrar a Occident que els millors del món vivien sota el comunisme.*

Vera Čáslavská desenvolupant l'exercici de barra als campionats d'Europa del 1967 (Nationaal Archief, the Dutch National Archives, and Spaarnestad Photo, Creative Commons-SA 3.0, Wikimedia Commons)

Vera Čáslavská va néixer el 1942, en la Txecoslovàquia ocupada pels nazis, anomenada llavors Protectorat de Bohèmia i Moràvia, en el si d'una família de quatre fills. De ben petita era molt entremaliada i no parava mai quieta. Quan era una nena, va apuntar-se a un curs de ballet clàssic al Teatre Nacional de Praga i més endavant va practicar el patinatge artístic.

Fins als quinze anys Vera no va començar a dedicar-se a la gimnàstica, i als setze ja assolia la seva primera medalla d'argent als Mundials de Moscou de 1958. Gràcies al seu caràcter competitiu i perseverant, la jove gimnasta va assolir dos anys després el títol de campiona d'Europa en barra horitzontal. Als Jocs Olímpics de Tòquio 1964, Čáslavská es passava vuit hores diàries al gimnàs entrenant sense parar. Amb els seus precisos moviments, va compondre a Tòquio un exercici gimnàstic

Voronina, Čáslavská i Krajčírová amb les seves medalles al campionat d'Europa del 1967 (Nationaal Archief, the Dutch National Archives, and Spaarnestad Photo, Creative Commons-SA 3.0, Wikimedia Commons)

immillorable, conquerint tres medalles d'or en gimnàstica esportiva. Va electritzar al públic de les Olimpíades amb piruetes audaces a la barra horitzontal i va encisar als espectadors amb els seus exercicis a mans lliures que va executar al so del poema simfònic Vltava, de Federico Smetana.

Amb tot, Tòquio va representar un disgust per a la competitiva Vera. Un error en les paral·leles quan feia un doble salt li va fer perdre l'or en aquest exercici. Va ser en un moment de pèrdua de concentració, provocat per una companya d'equip que no va poder contenir un crit d'emoció. Malgrat l'errada, es sobreposà i repetí l'exercici, que va sortir fantàstic, encara que sabia que ja no serviria de res. El gest, només per complaure el públic, li va valdre el regal desinteressat d'una catana original, el propietari de la qual no tenia descendència. Aquesta katana que hauria d'amagar durant dècades, la tornarem a trobar més endavant.

La Primavera de Praga

Quan faltaven poques setmanes per als Jocs Olímpics de Mèxic de 1968, Vera tenia 26 anys i Txecoslovàquia va ser envaïda per les tropes del Pacte de Varsòvia per aixafar les reformes democràtiques que volia incloure el Partit Comunista Txecoslovac (PCT) dins el sistema socialista. Des de gener del 1968, les demandes i popularitat del reformisme democratitzador txec havien anat a l'alça, però seguint la "Doctrina Bréjnev", aquestes idees van ser considerades "traïdores a la revolució".

El 20 d'agost de 1968, l'incipient somni dels habitants de les regions frontereres de Txecoslovàquia va ser interromput, cap a les onze de la nit, per un estrèpit de tancs i vehicles blindats. El Pacte de Varsòvia, controlat per la Unió Soviètica, va enviar a Txecoslovàquia un total de 600.000 soldats i 6.300 tancs per aixafar el moviment democratitzador. A més, a l'operació hi van prendre part 550 avions de combat i 2.000 peces d'artilleria.

Aquesta descomunal força estava destinada a paralitzar els 150.000 soldats integrants l'exèrcit txecoslovac. Per ordre de la direcció política txecoslovaca, "La resistència militar hauria suposat el suïcidi per txecs i eslovacs" segons va argumentar vint-i-cinc anys després, en una conferència d'historiadors al palau de Liblice, el líder de la Primavera de Praga, Alexander Dubček.

El primer dia de l'ocupació pel Pacte de Varsòvia van morir 58 ciutadans txecoslovacs, entre ells, una nena de vuit anys. El major nombre de morts i ferits es va registrar l'endemà, davant l'edifici de la Radiodifusió Txecoslovaca, a Praga. Els ciutadans de Praga van acudir al Carrer Vinohradská, per defensar les instal·lacions de la ràdio. Tres dels manifestants van caure abatuts pel foc dels soldats soviètics, dotze van morir en esclatar un carro de municions dels ocupants i dos, en saltar per la finestra d'una casa incendiada durant l'enfrontament. Entre el 23 i el 26 d'agost de 1968, els dirigents txecoslovacs van mantenir negociacions amb la cúpula soviètica a Moscou. El somni acabà definitivament quan Alexander Dubček va utilitzar per primera vegada la paraula "normalització", o el que era el mateix, una rendició incondicional davant la poderosa maquinària militar de les forces del Pacte de Varsòvia.

Abans de la invasió, la joventut txecoslovaca estava esperançada amb les reformes que aplicava el PCT. Semblava que els anys de comunisme acèrrim i d'intransigència estalinista, donarien pas un nou socialisme més amable, amb més drets individuals i fins i tot alguns anaven més enllà i somiaven amb un aixecament de la censura i d'una llibertat de premsa incipient. En aquest context l'estiu de 1968, Vera Čáslavská havia subscrit el manifest "Dues mil paraules", redactat per l'escriptor Ludvík Vaculík (mort el 2015) i publicat el 27 de juny. El document exigia que les reformes a Txecoslovàquia avancessin més ràpidament. Amb la signatura, Čáslavská assumia un compromís polític que marcaria profundament la seva vida i més enllà de l'entorn personal, la seva carrera esportiva patiria un revés fort a causa de la seva fermesa política.

En vigílies de les Olimpíades de Mèxic, l'esportista tenia present que el seu triomf suposaria un inestimable alè d'aire fresc al poble txecoslovac, humiliat per l'ocupació soviètica. En entrar les tropes soviètiques, Vera va aconseguir fugir de la capital cap a la petita ciutat de Šumberka, acompanyada només per un cuidador i el dietista. Mentre les gimnastes soviètiques feia dies que entrenaven i s'adaptaven a les alçades de Mèxic, Vera romania amagada a la muntanya a casa d'un amic, una situació que s'allargà fins a tres setmanes durant les quals, s'entrenava tota sola, fins que les autoritats es decidiren finalment a convidar-la per anar a Mèxic i així intentar un rentat de cara internacional.

Ves per on, malgrat les durícies a les mans provocades per la necessitat de palejar carbó, o els entrenaments en "barres" fetes

Les dones van haver de desafiar prohibicions de participar en esdeveniments esportius. Algunes fent-se passar per homes, com va ser el cas de Kathrine Switzer que durant la marató de Boston de 1967 va ser identificada per un jutge que la va intentar treure de la cursa. La resistència de Kathrine Switzer amb l'ajuda d'altres corredors, inclòs el seu marit, va evitar a empentes i rodolons que la fessin fora esdeveniment una de les imatges icòniques del segle XX. Durant la Primera Guerra Mundial, l'esport femení va esdevenir una alternativa d'èxit per la falta d'homes, per exemple a Anglaterra, on desenes de milers d'espectadors assistien a veure els partits de futbol. Però el 1921, la pressió dels contraris a l'esport femení va guanyar a la publicitat de guerra basada en la salut i l'esperit, i es va obligar a l'Associació de Futbol Anglesa a prohibir l'ús dels camps professionals a les dones, una prohibició que es mantindria fins al 1971, quan la UEFA va recomanar als organismes estatals recuperar el control de l'esport femení. Les dones no van poder disputar la seva primera Copa del Món de futbol fins al 1991, a la Xina.

de troncs d'arbre, Vera Čáslavská va "arrasar" a les Olimpíades de Mèxic. A l'Auditori Nacional de la capital mexicana, ple de gom a gom, va sonar-hi quatre vegades l'himne nacional txecoslovac. La gimnasta plorava d'emoció cada cop que sonava. Així i tot, la seva actitud li va costar perdre un or i compartir-ne un altre, ja que certes decisions per part d'una membre del jurat, soviètica, van perjudicar injustament Vera per beneficiar descaradament les gimnastes de l'URSS, Natalia Kuchinskaya i Larisa Petrik. Al podi, la txeca va reaccionar abaixant el cap notòriament quan sonava l'himne soviètic i apartant la cara davant la bandera de l'URSS.

Abans de cada competició, Vera Čáslavská acariciava el seu vestit de núvia. Als vint-i-sis anys, estava decidida a abandonar l'esport d'alta competició, casar-se i tenir fills. El casament, l'endemà mateix d'aquests fets, de Vera Čáslavská amb l'atleta txec Josef Odlozil, a la Catedral al Zócalo de la Ciutat de Mèxic, va ser apoteòsic. Milers de persones hi van concórrer per assistir a la cerimònia nupcial, apadrinada per l'ambaixador txec. El poble mexicà estava impressionat amb el compromís de la gimnasta, per la seva espectacular bellesa, i pel detall de guanyar un dels ors, el de l'exercici de terra, amb la *performance* "Mexican Hat Dance". Seguint amb el seu compromís, Vera i el seu flamant marit no van voler exiliar-se, sinó que van tornar per a donar ànims al seu poble. En tornar a Txecoslovàquia, Vera va ser rebuda com la gran reina de la gimnàstica i gran símbol de què la Primavera de Praga seguia ben present.

La "depuració" nacional

Convençuda de la seva tasca, va regalar les rèpliques de les quatre medalles d'or assolides a Mèxic als quatre màxims representants del procés democratitzador de la Primavera de Praga, entre els quals hi havia Alexander Dubcek, líder reformista del PCT.

Però de sobte tot va canviar. El PCT havia purgat als líders reformistes del seu partit que havien recolzat les polítiques de Dubcek. Seguint les ordres de Bréjnev i la cúpula soviètica, l'hermetisme tornava a Praga i el PCT havia de depurar als elements interns i externs que havien donat suport als líders democràtics del partit a la Primavera de Praga. El repunt de la cruesa del règim comunista a Txecoslovàquia, iniciat el 1969, va precipitar a Vera Čáslavská a la marginació. Durant inacabables interrogatoris, les autoritats comunistes van instar Vera a retirar la seva signatura del manifest democratitzador "Dues mil paraules". Volien que es retractés i assumís el seu "error". L'estat txecoslovac, que sabia que era una de les dones més famoses del món i no volia acabar amb la seva carrera, va oferir-li l'opció d'una farsa de roda de premsa, totalment preparada i amb el guió preestablert, on demanés perdó per la seva "erràtica política" i proclamés fidelitat al partit i a l'estat txecoslovac.

> *L'any 1968, en ple zenit de la seva fama, fou escollida la segona dona més guapa del món, al costat de Jacqueline Kennedy Onassis.*

La pressió del PCT no va fer cap efecte, Vera Čáslavská no va revocar la seva signatura. De fet, al final només quedaren sense retractar-se ella i l'autor del text. El PCT estava colèric. La reina de la gimnàstica, una de les dones més belles i admirades del món, es va mantenir forta en la seva postura i va negar-se a fer el joc a les autoritats del seu país. Com a represàlia, durant cinc anys no va poder trobar feina, li van fer la vida impossible i la van torturar psicològicament, marginant-la de tot acte públic.

El 1974, gràcies a la valentia personal dels directius del club Sparta de Praga, va començar a entrenar clandestinament a les gimnastes adolescents. La reina de la gimnàstica Vera Čáslavská havia d'amagar-se quan algun polític del partit o policia apareixia pel pavelló.

La llibertat mexicana

A finals dels anys 70, el president de la República de Mèxic, López Portillo, va sol·licitar oficialment a les autoritats txecoslovaques que Vera Čáslavská entrenés les gimnastes mexicanes. L'esperit de 68 ressorgia a Txecoslovàquia de la mà de la "Carta 77" i calia alleugerir mites. Va ser només com a excusa pràctica, a canvi de petroli, que l'any 1979 la deixarien tornar a treballar a Mèxic, on va dedicar-se a entrenar gimnastes.

Dos anys més tard, però, l'estat asteca va deixar d'exportar cru a l'antiga Txecoslovàquia i la Vera i la seva família es van veure obligats a tornar temporalment al seu país. De tornada a Praga, s'assabentà que el seu germà Vaclav havia mort durant un arrest quan tenia només trenta-tres anys.

A Mèxic no s'havien oblidat d'ella, els mexicans seguiren enamorats de la gimnasta txeca (més endavant seria batejada com la "Núvia de Mèxic") i estaven disposats a treure-la del país com fos i posar fi a l'ostracisme polític i professional txec. Vera va treballar a Mèxic entrenant les gimnastes del país amb el seu marit Josef Odlozil, que feia el mateix amb els atletes. Vera era tan famosa a Mèxic, que els directius de la televisió del país asteca li van oferir de presentar un programa de televisió sobre gimnàstica: "*Feu gimnàstica amb Vera*". La seva fama es va disparar de forma fulgurant. Durant la seva estada a Mèxic, Vera Čáslavská va divorciar-se del seu marit.

La maleïda catana

No seria fins al novembre de 1989, amb la Revolució de Vellut, que Vera Čáslavská va tornar al seu país natal com a una heroïna nacional i amb tots els honors restablerts. El 1989, el

COI la va condecorar amb l'Ordre Olímpica, una distinció que se li atorga a aquells que han contribuït al moviment olímpic de forma notòria. També va obtenir el Trofeu "Joc Net Pierre de Coubertin" atorgat per la UNESCO. El 1991, va entrar al saló de la fama de dones de l'esport internacional. El president Václav Havel va escollir-la com a assessora d'afers socials i l'esport i a més, va ser elegida presidenta del Comitè Olímpic nacional txecoslovac.

Quan semblava que tot començava a anar per bon camí, aspectes personals van tornar a enfonsar la Vera. El 1993, va patir una inesperada i cruel tragèdia familiar quan el seu fill Martin matà accidentalment el seu pare, l'exmarit de Vera, Josef Odlozil, en una baralla. Martin va ser condemnat a quatre anys de presó, però va beneficiar-se d'un polèmic indult del president Havel. Vera Čáslavská, afectada pel drama familiar, va caure en una depressió que la va portar a quinze anys d'ostracisme, entre entrades a l'hospital psiquiàtric i llargues estades al llit. La seva filla Radka tindria cura d'ella.

Aquella katana de Tòquio no havia portat sort a Martin, que havia estat el seu dipositari des de que Vera li havia ofert com a regal. I en tornar a mans de la Vera, li portà la desgràcia a ella. La maledicció de la katana, com es coneix aquest episodi, es va estendre tant per la seva família que fins i tot en va encarregar una anàlisi a un expert, per comprovar la relíquia històrica estava contaminada per accions de sang, cosa que va descartar-se.

L'any 1995 va rebre la Medalla al Mèrit per part de la República Txeca, però no hi havia manera d'aixecar-li els ànims. Mentre els reconeixements seguien (el 1998 va ingressar al saló de la fama de gimnastes internacionals), el 2001 renunciava al seu càrrec de presidenta del Comitè Olímpic Txec, retirant-se definitivament de la vida pública. El 2008 encara arrossegava episodis de depressió, que ella mateixa atribuïa als anys de pressió viscuts sota el règim comunista.

Vera va morir el 2016. Va viure els darrers anys a la seva Praga natal, on lluitava contra un càncer de pàncrees. Actualment, el seu mite no sols no decau sinó que creix, com mostra l'èxit de vendes al seu país del llibre basat en la seva vida: *Una Vida a L'Olimp*.

És un ocell, un avió? Una javelina basca!
La solitud de l'innovador

Autor: Cèsar Sànchez

Els esports han anat evolucionant i ja no es llancen les javelines contra esclaus ni en mig del camp de batalla (o de cacera), sinó que aquesta activitat es realitza als estadis d'atletisme, sempre evitant travessar un jutge. Però en l'estil i en la forma de llançament, no s'ha evolucionat gaire des d'època romana, i no pas perquè no s'hagi intentat.

La innovació, important en qualsevol àmbit, també ho és en l'esport. Einstein va dir que "si vols resultats diferents, has de fer coses diferents", i tal va ser el cas de Dick Fosbury, el primer saltador d'alçada que va llençar-se d'esquena, tot i que inicialment els companys se'n riguessin. Recollí la incomprensió i menysteniment de molta gent abans no va demostrar a tothom que era ell qui tenia raó en fer les coses de forma diferent a com "s'havien fet sempre", passant a tenir avui un reconeixement general. En el cas, però que explicarem sobre el llançament de javelina, contràriament a Fosbury, el reconeixement no va arribar mai.

Les javelines s'havien llançat sempre de la mateixa manera: agafant inèrcia en cursa, posant el braç enrere, i quan l'atleta arriba a la seva força màxima, clavava el peu a terra i deixava anar la llança amb totes les seves ganes. Igualment com hagués fet un soldat hoplita clàssic en vistes de la fugida dels enemics fa 2.500 anys.

La innovació va sortir de les terres basques a començament del segle XX, passant en pocs anys de les pedreres d'Euskadi a l'or olímpic, el Palankariak. El Palankariak, és considerat actualment un esport rural o popular, consistent en el llançament

Diferents seqüències durant el llançament de javelina a l'estil basc, per part de Félix Erausquin (seura.fi)

d'un llarg bastó el més lluny possible. L'origen es troba en els barrinadors de les mines que feien forats per introduir càrregues explosives, un ofici practicat des del segle XVII i estès per tot bona part del territori basc.

Als anys 30 del segle XX, moltes normes de les recentment recuperades olimpíades estaven a les beceroles, i els bascos van introduir el Palankariak i la seva peculiar forma de llançament a les competicions que, si no hagués estat per la guerra, hauria estat esport d'exhibició a les olimpíades de Berlín del 1936.

A diferència de "com sempre s'havia fet", els bascos llançaven el pal d'una forma peculiar, fent-lo girar al voltant del propi cos perquè agafés embranzida. El gran innovador de passar del pal barrinador (de múltiples formes i llargàries i darrerament metàl·lic) a la javelina va ser Felix Erausquin. El 1956, en plena dictadura franquista, Erausquin va llançar la javelina, a l'Estadi Olímpic de Montjuïc, com sempre havia vist als seus correligionaris llançar els pals. Resultat: rècord d'Espanya amb 74,32 metres, més de 10 metres per sobre de l'anterior marca. I com aquell qui diu, sense despentinar-se.

Aquestes marques obrien les portes de les olimpíades a uns atletes que patien fortament l'autarquia de la dictadura, alhora que obria la capsa dels trons en la diplomàcia internacional, poc predisposada a acceptar que un "atleta" panxut i quasi en la cinquantena fes ombra als joves atletes nòrdics. I pitjor encara, representant la dictadura d'aquell ridícul dictador tap de bassa. Cal dir que alguns atletes d'aquestes disciplines encara portaven boina i de fet, alguns eren més pastors que no pas atletes!

A nivell de política internacional, el 1957 es va concretar els Tractats de Roma, on es va crear la Comunitat Econòmica Europea (CEE), antecedent directe de l'actual Unió Europea. Per contra, l'estat espanyol a dures penes començava a fer gestos per sortir d'un aïllament autoimposat per Franco. Com? Mitjançant els pactes amb els Estats Units del 1953, pels que cedia la instal·lació de bases militars a canvi d'ajuts econòmics i que van permetre l'ingrés d'Espanya a l'ONU el 1955. Aquest nou aliat estratègic "contra el comunisme" dels Estats Units va tenir la seva imatge de glòria en l'abraçada de Franco al president Eisenhower el 1959.

En aquest context varen arribar les olimpíades del 1960 a Roma, les primeres que serien retransmeses per televisió (començava el gran negoci) i la primera vegada on es faria versió paralímpica. Serien unes olimpíades "modernes" però amb rèmores fortes del passat, com la separació física de les residències d'homes i dones. En aquest estat de coses, la delegació espanyola (encara liderada per militars i sota l'atenta mirada del règim) va poder aportar la seva delegació més extremadament atapeïda: 145 persones. En aquesta delegació, l'hereu d'Erausquin va ser l'aventurer Miguel de la Quadra-Salcedo Gayarre, un basc-navarrès (segons les seves pròpies paraules) nascut accidentalment a Madrid el 1932 i que va ser ambaixador d'Euskadi fins a la seva mort el 2016. Era el gran heroi de la delegació i la persona sobre qui se centraven totes les mirades. De la Quadra va tenir una llarga vida com a periodista i director del projecte creat per ell mateix *La ruta Quetzal*, però abans de tot això havia estat un reconegut esportista i precisament, expert en el llançament de javelina a la basca.

De la Quadra-Salcedo era ja tot un personatge a qui agradava anar per lliure i que es creia això de l'olimpisme, fins al punt que se'n va anar a l'Olimp de veritat, a Grècia, per fer entrenaments i el trasllat cap a Roma no el va fer amb la resta d'atletes, sinó en un Vespa amb el seu germà. De la Quadra-Salcedo ha donat sobrades explicacions de quina era la situació dels esportistes en aquella època: "érem autèntics autodidactes", "els boxejadors i lluitadors es van passar tots de pes, perquè a la zona olímpica es podia menjar de tot a qualsevol moment, en contrast de la penúria d'aquí (Espanya)".

De la Quadra-Salcedo, havia après el llançament de la basca de javelina directament d'Erausquin i de fet, el va fer públic i notori mundialment en una exhibició a París el 1956, en el marc de la preparació per a les olimpíades de Melbourne.

El rebombori que va generar la forma fàcil, i sense esforç aparent, de passar per sobre de tots els rècords haguts per part de De la Quadra-Salcedo van alertar els organitzadors de Melbourne, els quals van instar la federació (IAAF) a redactar unes normes de seguretat enfront aquells llançaments que consideraven "perillosos per als no avesats". Aquesta nova normativa deia que no es podia donar l'esquena a la direcció del llançament i d'aquesta manera, les dues o tres passes que feia el llançador girant amb la javelina al voltant del cos, no es podien fer.

> *A Melbourne no hi va anar cap delegació espanyola, un fet que es va vendre amb el victimisme propi del règim, un "tots van contra Espanya i ens tenen mania". La realitat, però era que Austràlia estava molt lluny i els diners dels americans encara no fluïen tant com per pagar bitllets d'avió. Arribar-hi en Vespa hauria estat difícil.*

Erausquin, però, no es va rendir. Va adaptar el llançament a la normativa i el mateix De la Quadra-Salcedo el perfeccionà. Només amb una sola passa, sense donar l'esquena, tal com es demanava, i els rècords del llançament a la basca en javelina van continuar, fins que una nova normativa abans mateix dels jocs de Roma va clavar l'estocada final a l'estil: "mai en cap moment la punta de la javelina pot mirar al públic". Fins i tot amb l'estil d'una sola volta hi havia un moment que això passava i per tant, a Roma, De la Quadra-Salcedo va passar més estona fent exhibicions als companys de totes les nacionalitats que competint. La innovació va desaparèixer de l'esfera internacional i a l'estat espanyol, el llançament de pal a la basca va ser una disciplina acceptada fins al 1960, però per al llançament de javelina, s'acceptaren les normes internacionals.

Per fer-nos una idea de l'eficàcia del llançament a la basca, res millor que fer un cop d'ull a unes dades. El millor llançament del 2014 va ser de 89,21 metres i als Jocs de Roma, el rècord era pel noruec Egil Danielsen amb 85,21 metres, rècord que va millorar el txec Jan Zelezny fins als 98,48 metres, actual rècord del món. El llançament registrat de De la Quadra-Salcedo als anys 50 i amb l'estil basc, fou de 112,30 metres. El mateix Erausquin, en una mostra a Vitòria el 1957 (tenia cinquanta-un anys) va fer un llançament de 94,50 metres!

Els bascos són especialistes a posar coses en òrbita a l'estil una mica tosc! És un ocell, un avió? No!, una javelina basca! Tant és així que de fet, el rècord encara no ha estat superat. Malauradament, només hi ha hagut una excepció en el món de les olimpíades pel que fa a normativa en la seva aplicació, i va ser precisament en el llançament de javelina: les normes de 1960 s'aplicarien de forma retroactiva, és a dir, dit simplement, totes les marques aconseguides anteriorment amb l'estil basc van quedar oficialment esborrades. D'aquesta manera, la innovació no va triomfar, almenys als jocs olímpics, perquè als indígenes de l'Amazones que De la Quadra-Salcedo va visitar anys més tard els va encantar el sistema de llançament.

El dopatge d'estat... a les dues Alemanyes!

Els programes de dopatge

Autor: Jordi Bonvehí

Els espectaculars èxits esportius del règim comunista de la RDA (República Democràtica d'Alemanya) van despertar nombroses sospites sobre els mètodes emprats pels seus entrenadors, però la veritable dimensió de l'ús sistemàtic del dopatge només va ser coneguda després de la caiguda del Mur de Berlín. Amb 102 medalles als Jocs Olímpics de Seül el 1988 (37 medalles d'or, 35 de plata i 30 de bronze), un any abans de la caiguda del sistema, aquest petit país de 17 milions d'habitants es va situar en segon lloc darrere de la Unió Soviètica, però davant dels Estats Units.

Els resultats increïbles, especialment de les seves nedadores, conegudes com les valquíries, als Jocs de Montreal de 1976 (van guanyar en 11 de les 13 proves) havien fet saltar sospites. Però cap atleta de la RDA va figurar entre els "positius" dels controls antidopatge instaurats a partir dels Jocs Olímpics de Mèxic de

1968. Els documents a què es va tenir accés després de la caiguda del règim comunista, sobretot els de la policia de seguretat de l'Estat (Stasi), van revelar que en cap altre país el dopatge estava tan organitzat, centralitzat i controlat: era un "dopatge d'Estat", conegut amb el nom secret de *Pla 14.25*.

El programa d'estat del dopatge

Documents de l'Institut de control del dopatge de Kreischa acusaven la sèxtuple campiona olímpica de natació a Seül, Kristin Otto, d'haver-se dopat sense mesura. Les campiones de natació Heike Friedrich, Daniela Hunger i Dagmar Hase també van ser citades per haver consumit píndoles d'"Oral Turinabol", un esteroide anabolitzant. *"Tots érem uns petits Ben Johnson"*, va declarar el nedador Raik Hannemann, subcampió d'Europa de 200 metres estils el 1990.

S'estima en uns 10.000 els atletes de la RDA dopats de forma continuada i programada. El 1975, s'havia creat un departament, "Esport de competició II", al servei de medicina esportiva de l'ex RDA per organitzar l'administració sistemàtica d'anabolitzants amb l'objectiu de millorar els resultats dels esportistes d'Alemanya Oriental.

Ilona Slupianek després d'assolir el rècord de la RDA en llançament de pes el 1977 (Bundesarchiv, Bild 183-S0717-0007 / CC-BY-SA 3.0, Wikimedia)

L'esport d'alt nivell era un instrument de propaganda per a la RDA. "L'objectiu és assegurar a l'esport de competició de la RDA una posició de punta, que demostri la superioritat de la societat socialista sobre la capitalista gràcies a la utilització d'UM", decretava un document de la Stasi. En el vocabulari de la policia política de la RDA, "UM" (o Unterstuetzende Mittel, traduït com els productes de suport) significava substàncies dopants, il·legals en qualsevol competició esportiva.

Després de la caiguda del mur, els responsables del sistema de dopatge d'estat van començar a ser sancionats. Un metge, responsable adjunt del departament "Esport de competició II", va ser condemnat a sis mesos amb suspensió de pena. El seu nom no va ser revelat. L'ex-secretari general de la Federació de Natació de la RDA, Egon Mueller, així com dos entrenadors, acusats de dopatge de menors, van ser condemnats a un any de presó amb suspensió de pena per cadascun d'ells.

A l'octubre de 1998, l'exvicepresident de la Confederació d'esports de l'ex RDA, Horst Roeder, va ser condemnat a un any de presó amb suspensió de pena per haver afavorit la distribució de píndoles d'"Oral Turinabol" o "testosterona" a atletes d'alt nivell. D'altra banda, Manfred Ewald, president de la confederació entre 1963 i 1988, va ser condemnat el juliol de 2000 a 22 mesos de presó amb suspensió de pena per haver malmès la salut de centenars d'atletes dopats contra la seva voluntat.

Manfred Ewald i Waldemar Cierpinski. Autor: Mittelstädt, Rainer. German Federal Archives (Bundesarchiv, Bild 183-W1214-0016 / Mittelstädt, Rainer / CC-BY-SA 3.0, Wikimedia)

De tots els casos de dopatge a la RDA, en destaca un per sobre dels altres: Andreas Krieger. Andreas, nascuda com Heidi, era una noia alta i prima que va ser captada pels observadors esportius de l'extinta RDA. Li varen començar a donar Oral Turinablol amb tot just setze anys d'edat, amb l'excusa que necessitava vitamines. Aquests productes van canviar en poc temps completament el seu aspecte. El tractament rebut era basat en androgènics, productes que no solen receptar-se a les dones i molt menys en les quantitats subministrades. Cal tenir en compte que Heidi Krieger va consumir més anabolitzants dels que li van donar a Ben Johnson. Aviat va començar a patir canvis en el seu cos: *"Es va transformar la meva estructura muscular, em va alterar la veu fent-se més greu, em va créixer molt el pèl i es van començar a modificar els meus òrgans genitals"*.

Heidi va haver d'acceptar un cos que no era el seu, cosa que va derivar en problemes psicològics, ja que se sentia atreta per les dones, però no se sentia lesbiana. Finalment, va optar per un canvi de sexe el 1998. El seu aspecte era tal, que quan ho va comentar al doctor, aquest va pensar que volia transformar-se en una dona. Actualment, Krieger està casat amb una antiga nedadora de l'Alemanya Oriental.

El dopatge a l'Oest

El dopatge també va arribar a l'altre cantó del mur. Segons revelava el diari alemany *Süddeutsche Zeitung* l'agost del 2013, la Universitat Humboldt de Berlín havia elaborat un estudi de més de 800 pàgines que es relatava l'existència d'un sistema de dopatge organitzat a l'Alemanya de l'Oest (RFA) des de la dècada dels anys 70. Testosterona, estrògens, EPO i anabolitzants van ser algunes de les substàncies emprades en millorar el rendiment dels esportistes, sota la promoció i finançament de l'estat.

La República Federal Alemanya va destinar milions de marcs per crear un sistema de dopatge que no només inferia en els seus esportistes professionals, sinó que també es dedicava als més joves, amb els quals s'assajava amb diferents substàncies. Segons relata el diari en qüestió, aquesta mesura no es va dur a terme com a resposta al sistema de dopatge desenvolupat per la República Democràtica Alemanya.

L'ambició per aconseguir els millors resultats possibles va portar a destinar tots els recursos possibles al dopatge.

Les autoritats polítiques de la RFA van prendre la iniciativa d'establir aquesta política, amb el clar objectiu de beneficiar-se del rèdit polític que oferien les victòries dels seus esportistes en els esdeveniments internacionals. Per això, encara que es coneixien els riscos que aquestes pràctiques comportaven per a la salut, l'estat va posar en marxa tota la seva maquinària financera per aconseguir uns esportistes d'elit i burlar qualsevol control antidopatge.

L'ambició per aconseguir els millors resultats possibles va portar a destinar tots els recursos possibles al dopatge. De fet, l'informe arriba a revelar una frase d'un alt càrrec de l'estat abans dels Jocs Olímpics de Munic de 1972: *"Només volem una cosa, medalla a Munic"*. En aquesta cita, la RFA va aconseguir 40 medalles i es va quedar en el quart lloc del medaller, mentre que la RDA va aconseguir la tercera plaça amb 66 metalls. La Unió Soviètica va ocupar el primer lloc amb 99 medalles i els Estats Units va ser segon amb 94. Només als Jocs Olímpics de Montreal 1976 es van injectar 1.200 dosis d'una substància anomenada 'Kolbe' (pel remer Peter-Michael Kolbe, que el 1994 va ser nomenat president de la seva federació) de la qual encara se'n desconeix la composició.

Els despropòsits de l'atemptat de Munic 72

Només un minut

Autor: Cèsar Sànchez

Segell commemoratiu dels jocs de Munic (Pixabay, CC0 Creative Commons)

El canvi en les polítiques econòmiques i l'enfrontament de la guerra freda van coincidir amb les necessitats d'augment de seguretat a les olimpíades. Tot pels fets de Munic. Els esdeveniments, a grans trets, són molt coneguts: el fracàs en l'intent de rescat dels ostatges, que va acabar amb la mort d'onze membres de l'equip olímpic israelià. Va ser el 5 de setembre de 1972, i les 24 hores que durà el segrest servirien per fer un manual de tot el que no s'ha de fer en una situació d'aquesta gravetat.

Zvir Zamir explica que a resposta d'un oficial israelià sobre la seguretat de l'ambaixada, les autoritats alemanyes li van respondre despectivament: "Vostè què es pensa? Aquí hi impera l'esperit olímpic".

Vista aèria del complex olímpic de Munic (Pixabay, CC0 Creative Commons)

Els terroristes van accedir de matinada tranquil·lament a la vila olímpica vestits de xandall amb bosses esportives on duien les armes. Membres de la delegació nord-americana els facilitaren l'accés, tot pensant que eren atletes que s'havien, com ells, fets escàpols per anar-se'n de festa i tornaven tard. Un cop dins, van anar cap on s'allotjava la delegació israeliana, al pavelló 31, amb total impunitat. Van picar la porta i intentaren entrar a la força. Moshe Weinberg va donar l'avís i juntament amb Joseph Romano varen contenir prou temps perquè els assaltants poguessin escapar vuit dels membres de la delegació, gest que els costà la vida. Precisament a Romano li van tallar els genitals, i el seu cos mostrava senyals de tortura.

Luttif Afif ("Issa"), encarregat de l'operació tàctica, era nascut a Natzaret de mare jueva i pare cristià. Havia treballat en la construcció dels equipaments olímpics, pel que coneixia perfectament l'indret. Les nits prèvies havia vist els atletes saltar la tanca prop del pavelló 25A.

Comencen els despropòsits

D'entrada, fou la policia alemanya que es va haver de fer càrrec del segrest. I és que a causa de les imposicions de la Segona Guerra Mundial, el 1972 l'exèrcit alemany encara tenia restringida la seva intervenció en temps de pau dins el propi país. Aquest fet, lluny de ser anecdòtic, limità l'accés a material d'elit que hagués estat molt útil com per exemple, ulleres de visió nocturna. Aquest va ser un dels molts despropòsits de la gestió, per part del govern alemany, durant l'atemptat de Munic.

La policia va intentar negociar amb els assaltants, després que aquests mateixos s'hi posessin en contacte per fer les seves reivindicacions, però vist que no hi havia manera d'arribar a un acord, es va intentar un assalt. El pla era accedir a l'apartament pels conductes de l'aire condicionat. Es van escollir 30 voluntaris (la condició era haver disparat almenys un cop una arma de foc) per a l'operació "secreta", anomenada en clau: "Sunshine". El problema era que els terroristes veien tots els moviments de la policia en directe des del sofà, gràcies a la retransmissió que estava fent la mateixa televisió alemanya. Ningú havia tallat la llum. Evidentment, l'assalt es va haver d'avortar, per molt que els policies anessin disfressats amb xandalls.

Els jocs només es van suspendre durant el dia de l'atemptat. L'endemà, es varen celebrar amb un acte de record a les víctimes en què els països àrabs es van negar al fet que les seves banderes onegessin a mig pal. Es va intentar passar pàgina ràpidament, de forma que al partit de futbol Hongria-Alemanya es va fer fora uns espectadors per mostrar una pancarta on deia: 17 morts, ja oblidats?

El trasllat a l'aeroport

El següent pla va ser aprofitar el trasllat a l'aeroport, un cop concertada la fuga dels terroristes. Però els segrestadors, en inspeccionar el camí fins a l'autobús, van adonar-se que era una emboscada, perquè van veure córrer els policies. Així, van demanar helicòpters per anar cap a l'avió, va ser llavors que la policia es va adonar que els segrestadors eren en realitat vuit persones, i no cinc, cosa que els franctiradors no van saber mai. De fet, no eren tal, sinó únicament agents de policia que van ser triats perquè practicaven tir els caps de setmana. Ergo, ni tan sols disposaven d'equipament adequat, més enllà del fusell estàndard de la policia. Per tant, amb cinc franctiradors i vuit terroristes, que era impossible qualsevol acció per eliminar-los tots. Aquest detall i d'altres sobre l'operació van ser revelats pel cap del Mossad, Zvi Zamir, que davant la negativa de les autoritats alemanyes d'acceptar l'ajuda d'un equip antiterrorista israelià, es va desplaçar personalment a Munic per supervisar l'acció, arribant el mateix dia a tarda.

Esportistes polítics?

Hi ha com a una mena de mantra, o pacte no escrit, que diu que els esportistes no poden, o no han, d'opinar de política. Malgrat que se'ls instrumentalitzi contínuament. Però hi ha esportistes que han destacat per, precisament, fer servir la seva fama d'altaveu de moltes causes. El 5 de desembre de 1976 els capitans de la Real Sociedad i l'Athletic, Kortabarria i Iribar, van treure junts una ikurriña, en un moment que aquest símbol encara estava prohibit. L'escàndol va ser majúscul i va servir perquè poc després s'autoritzés el seu ús. A Catalunya, han destacat esportistes que s'han negat a participar de l'obligació d'anar a les seleccions espanyoles, com el futbolista Oleguer Presas, o la Laia Andreu (campiona d'Europa de raquetes de neu) i que han manifestat obertament la seva identitat nacional, com la corredora de muntanya Núria Picas.

Un cop transportats segrestadors i ostatges cap a l'aeroport militar de Furstenfeldbruck, on s'intentaria l'assalt definitiu, es produïren encara més despropòsits. Els pilots dels helicòpters van aterrar entre l'avió i la policia, oferint-los una barricada perfecta. I per acabar-ho d'arrodonir, els blindats de suport mai van arribar a l'aeroport, perquè van quedar atrapats a causa del trànsit. No s'havia obert un camí franc cap a l'aeroport.

Als jocs olímpics de 1932 a Los Angeles els vigilants anaven disfressats de cowboys i per tota arma duien una corda per enllaçar vaques. El 2012 a Londres es va desplegar l'exèrcit amb míssils terra-aire. Al mig, un abans i un després: Munic 1972.

El desastre previsible

Finalment el desastrós resultat de tot plegat va ser, vist amb perspectiva, l'únic possible. En adonar-se els segrestadors que l'avió era buit, i que tot plegat era una trampa, va començar un intens tiroteig durant el qual els terroristes van matar els ostatges. El tiroteig es va allargar, d'entre altres coses, perquè els franctiradors de la policia no disposaven ni de ràdio per comunicar-se entre ells. Però això no acabà aquí. Cap a les onze de la nit es va arribar a passar per televisió la notícia que els ostatges havien estat alliberats i que no hi havia hagut víctimes. Al cap de poc, però es va haver de rectificar per, després d'un ball de xifres, acabar reconeixent que no hi havia hagut cap supervivent entre els atletes. És més, un dels terroristes, Yusuf Nazzal, havia sobreviscut i acabaria escapant.

> *Les autoritats alemanyes s'han comportat com uns autèntics ineptes", Zvi Zamir als seus informes desclassificats.*

A partir d'aquí es va obrir un altre front, el de si calia suspendre els jocs, bé per seguretat, bé com a mínim per respecte a les víctimes. Aquí el govern bavarès es va acabar de lluir quan al·legà que "no podien aturar els jocs perquè no tenien programació alternativa per a la televisió". Finalment es va imposar l'opinió del COI, segons la qual no es podia donar protagonisme a uns terroristes suspenent tots uns jocs olímpics. De totes maneres, el dia després de l'atemptat, el nedador americà Mark Spitz, d'origen jueu, abandonava Munic emportant-se set medalles, i altres delegacions com la noruega o l'egípcia també marxarien.

> *Aquestes van ser les primeres olimpíades que van tenir mascota oficial. Waldi, un gos salsitxa, la gràcia marcaria tendència per a futures edicions.*

Els detalls de l'operació

Bona part de tots aquests detalls s'han mantingut en secret fins fa ben poc. El 1992 van sortir a la llum les primeres fotos de la matança. Va ser coincidint amb la caiguda del mur. Unes fotos que la República Federal Alemanya sempre havia negat que existissin. Posteriorment, el govern israelià va desclassificar documentació amb converses mantingudes amb representants del govern de Baviera, el COI i assessors israelians, que publicà el setmanari alemany *Der Spiegel* el juliol del 2012. Els 45 documents aporten detalls de l'atemptat, incloent-hi evidències de què els serveis secrets alemanys sabien de feia setmanes, per un informant palestí a Beirut, que s'estava preparant l'atemptat. Les famílies dels esportistes morts van posar el crit al cel.

La reivindicació del record a les víctimes

La vídua d'un dels atletes d'esgrima, Ankie Spitzer, que va ser la primera a veure les fotos anys abans, va promoure una campanya perquè a Londres 2012 es fes un minut de silenci amb motiu del 40è aniversari de l'atemptat. Però el president del COI, Jacques Rogger, va al·legar *"tenir les mans lligades"* per l'amenaça de fins a 46 estats de fer boicot al minut de silenci. "*Les mans del meu home sí que estaven lligades*", va respondre Ankie als mitjans. El president del COI, Thomas Bach, escollit el 2013, va dir que faria el possible perquè les víctimes de Munic tinguessin un moment de record als jocs de Rio de Janeiro del 2016. La campanya al

Signant el llibre de condol a l'ambaixada d'Israel (Wikimedia, domini públic)

portal *Chance.org* va aconseguir més de 100.000 adhesions reclamant "només un minut".

Memorial a les víctimes a Israel (Wikimedia, domini públic)

Nadia Comaneci, un 10 mai vist

La perfecció instantània

Autor: Jordi Bonvehí

Nadia Comaneci va arribar a ser sinònim de gimnàstica, de la perfecció i la bellesa d'un instant que passaria a la història de l'esport. El seu nom està escrit en majúscules d'or en la història de la gimnàstica artística i de l'esport del segle XX. Als qui mai han estat afeccionats a aquest esport, els ulls els fan pampallugues veient els

Nadia Comaneci durant l'exercici de sol a les olimpíades del 1976 (Wikimedia)

seus moviments. Nadia va ser la primera gimnasta de la història que va obtenir un 10, és a dir, una puntuació perfecta i impossible de superar, en unes olimpíades, i no seria una fita aïllada. Va guanyar un total set medalles en aquests mateixos Jocs, els de Mont-real de 1976, i dos més en els de Moscou de 1980, els del primer boicot.

Nadia Comaneci va néixer el 12 de novembre de 1961 a Oneştu, una petita ciutat dels Carpats romanesos. El país era dirigit per un antic estalinista paranoic, Gheorghe Gheorghiu-Dej, que més tard acusaria als mateixos soviètics d'intentar matar-lo amb raigs X. Eren els anys del desgel de l'estalinisme, i semblava que el socialisme podia tornar a ser una alternativa al model de vida capitalista. Els estats socialistes van entendre que l'esport era la finestra perfecta per demostrar que el seu sistema era millor que l'occidental.

La mare de Nadia va dir, en una entrevista l'any 2011, que l'havia apuntat a gimnàstica perquè era una nena tan activa que era difícil de controlar. Amb sis anys, el que més tard seria el famós entrenador Béla Károlyi (un *romanès* que pertanyia a la comunitat hongaresa de Romania) la va veure saltant i fent tombarelles amb una altra nena al pati de l'escola i va recórrer les aules fins a trobar-la. La jove Nadia s'enfilava pels arbres amb una destresa increïble per la seva edat. D'aquesta manera, va esdevenir una de les primeres alumnes de l'escola de Károlyi i la seva muller Marta. Començava una relació que marcaria tota una època.

Károly havia obert l'Escola Experimental de Gimnàstica d'Onesti. Era finançada pel govern del comunista Nicolae Ceauşescu, que feia poc que havia assumit el poder com a president del Consell d'Estat amb un marcat perfil reformador, i buscava nens i nenes per entrenar tal com feien els seus veïns búlgars, que havien patrocinat la gimnàstica com a mirall del seu sistema socialista de govern i de societat.

Nadia va saber de ben petita que la vida no seria un camí de roses, només li calia veure la situació de la seva família, humil i treballadora. Va aprendre veient al seu pare, Gheorghe, caminar dinou quilòmetres cada dia per anar a la feina al taller mecànic. També va aprendre veient la seva mare, Stefania, elaborant ella mateixa tot allò que no podia comprar ni trobar en un estat socialista, on escassejaven els béns de luxe com roba, sabates o perfums. Les seves primeres malles i sabates de gimnàstica les va fer la seva mare tallant i cosint.

L'any 1970, Nadia assolia el campionat nacional de Romania i amb nou anys d'edat, esdevenia la gimnasta més jove en aconseguir-ho. L'any següent va guanyar l'or amb el seu equip en competició fora de Romania. Els triomfs internacionals van començar a arribar amb diversos ors i argents en diferents campionats, rivalitzant amb la gimnasta soviètica Nellie Kim.

La tècnica emprada els primers anys d'entrenament de Nadia amb Béla Károlyi i la seva dona Marta fou la violència psicològica. Nadia va perdre la seva infància entrenant fins a sis hores diàries, patia pel poc que la deixaven menjar i no va tenir amics. Podia ser tècnicament perfecta, però s'havia convertit en un robot sense emocions. Això ho reflecteix una escena de la pel·lícula biogràfica *Nadia* de 1984, dirigida per Alan Cook. En ella, després de perdre el seu primer campionat nacional, Károly li diu a Nadia que ha de renunciar a la gimnàstica i tornar al seu pati d'escola a jugar. No hi havia marge per la improvisació, la perfecció l'acompanyaria per sempre i seria una llosa d'or que acabaria marcant la seva vida més tard. Tot o res.

El gran salt a la fama, Mont-real 1976: el millor "1" de la història

El nom de Nadia Comaneci va saltar a tot el món durant els Jocs Olímpics de Mont-real de 1976. Els qui seguien la gimnàstica, però, ja veien en ella una gran gimnasta de futur, donat que aquell mateix any ja havia aconseguit dues puntuacions perfectes. Havia participat en la primera edició de l'American Cup, el campionat nord-americà de gimnàstica, amb una realització perfecte dels exercicis de poltre i sòl. Com a curiositat, en aquell campionat va conèixer al qui seria -i segueix essent en el present- el seu futur marit, Bart Conner. Ella tenia 14 anys i ell 18. Tot i que Conner també va participar a l'olimpíada, no tornarien a tenir contacte fins uns anys més tard.

L'estiu a Mont-real es presentava ple de reptes. Hi havia un problema amb les notes perfectes, i és que en aquest moment no es creia que ningú fos capaç d'aconseguir-les, i molt menys en uns Jocs Olímpics degut al complicat sistema de puntuació, que no seguia un model universal sinó que s'establia segons la competició en disputa. Per això, el Comitè Olímpic Internacional va demanar al fabricant suís un marcador de tres dígits en comptes de quatre. Quan Nadia va aconseguir el seu primer 10 en les barres asimètriques, el marcador va mostrar un *1,00.* Al principi va ser confús, ja que el seu exercici havia estat magistral i no era possible que li haguessin donat un *1*, -de fet un *1* en un exercici de gimnàstica també és inusual- però quan es va aclarir, el públic la va ovacionar. L'estrafolari *1,00* passava a ser un *10,00,* tot i que el marcador mai arribaria a indicar aquesta puntuació. Els marcadors digitals no estaven preparats més que per a mostrar un dígit, donat que es pensava que el 10 era impossible. Aquesta va ser la primera de les quatre puntuacions perfectes en barres asimètriques, i tres més a la barra d'equilibri. Les seves rivals tan sols podien igualar-la. Només la gimnasta soviètica *Nellie* Kim, podia seguir el seu ritme fulgurant.

Comaneci igualment aconseguiria un altre rècord impressionant als Jocs de 1976, difícilment superable actualment, ja que ara és obligatori que els participants olímpics tinguin 16 anys i Nadia, en aquell moment, només en tenia 14.

La gran llosa de la perfecció, els anys de plom a la Romania dels Ceauşescu

L'èxit de Comaneci als jocs olímpics de 1976 la va col·locar a la primera plana mundial, però existia un problema, la *Securitate*, el pèrfid servei secret de la Romania comunista. Als agents de l'agència i el mateix Partit Comunista Romanès no els feia gaire

Cartell al carrer, on hi apareix Nadia Comaneci, el 2008 (Jordi Bonvehí)

gràcia que els periodistes estrangers s'interessin per la jove gimnasta. L'hermetisme del règim feia que les visites de periodistes estrangers fossin un destorb de doble tall: primer per mostrar la realitat de l'estat romanès i segon, per la distracció constant que feia perillar l'estricte entrenament del matrimoni Karolyi. No podia perdre el temps en entrevistes, reportatges i fotografies amb tota mena de periodistes i seguidors. La vida continuava i el règim volia explotar els resultats i la fama de l'esportista més famosa del món de forma continuada. Els èxits de Comaneci, eren èxits de Romania, eren èxits del socialisme i calia dosificar-los bé perquè el règim en pogués treure el màxim profit polític.

Anys més tard, Nadia assegurà que gràcies a la gimnàstica havia pogut menjar més que els seus compatriotes romanesos. No era ni molt menys una exageració. Als anys vuitanta va

Nadia Comaneci i el seu marit Bart Conner en una recepció amb Michelle Obama l'any 2009 (Wikimedia, domini públic)

arribar a haver-hi dèficit alimentari a Romania pel desviament de la producció agrícola al mercat exterior amb l'objectiu de pagar el deute. L'estat romanès es fonia literalment tot el que produïda per pagar el deute extern, i l'estalinisme econòmic va empènyer tota una generació de romanesos a la pobresa. Altres ho van passar pitjor. En un país comunista a l'estil asiàtic com la Romania de l'últim tram de la dictadura dels Ceauşescu, l'esport era una mitjà per aconseguir més del que tenien els altres.

Als Jocs de Moscou de 1980, Nadia va continuar acumulant èxits. Dos ors i dues plates més van tancar la seva carrera olímpica. Tot i que no va aconseguir els famosos "1,00", seguia obtenint medalles d'or. Quatre anys després d'aconseguir aquella marca històrica, el final de Nadia estava a prop. La pressió sobre la seva persona era màxima i fins i tot es va parlar de fracàs olímpic malgrat els seus quatre metalls. El 1981 es va retirar de les competicions.

Aquell any, un fet canviaria la seva vida. Els seus dos entrenadors, Béla i Márta Karolyi, els qui l'havien acompanyat durant tota la seva carrera, van desertar durant una gira pels Estats Units. Nadia es quedava sola i sota una vigilància constant dels serveis de seguretat de l'estat. Segons les males llengües, fins i tot un fill de Nicolae Ceauşescu, Nicusor, estava obsessionat de forma alarmant amb ella. Davant el perill d'una possible fugida, el règim socialista de Bucarest va actuar a la desesperada i va prohibir a Nadia sortir del país. La pressió i la por van enfonsar la seva carrera professional. Amb els anys, tots els èxits van deixar de ser recompensats. Els seus pares i ella mateixa van deixar de rebre cotxes i pisos grans, per rebre el mateix tracte que un romanès de peu: anar amb metro, fer cues per comprar i rebre salaris irrisoris. Entre 1984 i 1989, la gimnasta va ser membre de la Federació Romanesa de Gimnàstica i va entrenar als joves gimnastes del seu país.

Un amor prohibit, deserció als Estats Units

Fugint de la mà dura del dictador Nicolae Ceauşescu i tot el sistema que la vigilava les 24 hores del dia, Nadia Comaneci va escapar-se de Romania el matí del 29 de novembre de 1989. Faltaven quatre setmanes per a l'execució del matrimoni Ceauşescu i el règim socialista s'esvaís del país dels Carpats. Va caminar durant tota la nit pel bosc, seguint a un estrany mercenari que la portava, bruta de fang, per un camí gelat i pantanós. No era la primera esportista que decidia abandonar el país, un any abans el jugador de futbol Miodrag Belodedici (campió d'Europa el 1986 amb l'Steaua de Bucarest), havia escapat a Iugoslàvia. Quan va posar els peus a Hongria, va ser pujada a un cotxe tot terreny que la va portar fins a un aeroport d'Àustria. Cap pregunta durant el trajecte. Des d'allà, va agafar un avió amb rumb als Estats Units, on va començar un exili aclamat per la premsa i els mitjans de comunicació occidentals, que van convertir aquella aventura en un espectacle mediàtic.

La revista *Newsweek* va publicar que Nadia Comaneci havia viscut a Romania com una reina i que el brutal Ceauşescu li havia donat una vila de vuit habitacions, una datxa (casa d'estiu), un automòbil, joies i una plantilla de servents nombrosa. Podem anomenar dos exemples dels articles que van aparèixer a la premsa nord-americana: el primer que als quinze anys, després de la seva inoblidable actuació als Jocs Olímpics de Mont-real, havia provat de suïcidar-se bevent mig litre de lleixiu; i segon, que havia tingut un idil·li amb Nicu, el fill de Ceauşescu qui, a més de tenir-la sotmesa als capricis de la seva rudimentària fogositat, li feia arrencar les ungles cada cop que Nadia no acceptava a les bones els seus capricis de *playboy* consentit. Comaneci sempre negaria aquests fets de forma rotunda. Es va casar amb el gran amor de la seva vida, Bart Conner, un gimnasta nord-americà de musculatura cúbica, i amb ell va muntar una acadèmia de gimnàstica i una revista de nom *International Gymnast.* Per primer cop en la seva vida va poder fer el que realment desitjava. Avui en dia, Nadia té passaport romanès i nord-americà.

Nadia Comaneci és considerada una de les grans gimnastes de la història. A les seves nou medalles olímpiques (cinc d'or) cal sumar-hi quatre metalls en campionats mundials i 12 en europeus. Igualment, va ser nomenada com una de les cent dones més importants del segle XX i des de 1993, forma part de l'*International Gymnastics Hall of Fame.*

Bibliografia

Llibres

BLANCHARD, Kendall; TAYLOR CHESKA, Alice. *Antropologia del deporte.* Bellaterra, Barcelona, 1986.

BONHOMME, Guy. *De la paume au tennis.* Ed. Gallimard, collection Découvertes, París,1996.

CAMPS, Jordi. *Més enllà dels anells. Política, gegantisme, comercialització, corrupció, dopatge i discriminació en els Jocs Olímpics.* Cossetània Edicions, Barcelona, 2008.

CONNER, Floyd. *El gran circo de los juegos olímpicos.* T&B, Madrid, 2008.

CONNOLLY, Kevin; MACWILLIAM, Rab. *La historia del fútbol europeo. Campos de gloria.* T&B, Madrid, 2008.

CORRIENTE, Federico; MONTERO, Jorge. *Citius, altius, fortius. El libro negro del deporte.* Pepitas de Calabaza, Logronyo, 2011.

DE LUZE, Albert. *La magnifique histoire du jeu de paume.* Paris – Bordeaux, Bossard –Delmas, 1933.

DEJTIAR, Gustavo; BERNADE, Oscar. *1986 la verdadera historia.* Buenos Aires: Editorial Planeta, 2016.

DIEM, Karl. *Historia de los deportes.* Luis de Caralt, Barcelona, 1966.

ELIAS, N.; DUNNING, E. *Ocio y deporte en el proceso de civilización.* FCE, Madrid, 1992.

FRANCO, Antonio. *Deporte y sociedad.* Salvat Editores, Barcelona, 1973.

GARCÍA ROMERO, F. *El deporte griego y el deporte actual: influencia, semejanzas y diferencias.* Servicios de gestión y comunicación Liceus, Madrid, 2012.

GARCÍA SERRANO, F. *Los Juegos Olímpicos y el deporte en Grecia.* Ausa, Sabadell, 1992.

GROZDANOVITCH, Denis. *De l'art de prendre la balle au bond – Précis de mécanique gestuelle et spirituelle.* Paris, J.C. Lattès, 2007.

GUTTMANN, A. *From ritual to record: the nature of modern sports.* Columbia University Press. New York, 1978.

HARGREAVES, J. *Sport, Power and Culture.* Polity Press, Cambridge, 1982.

JARA POZO, Maximilano. *Historia del secuestro de una pasión. El fútbol como herramienta política bajo el totalitarismo.* Chile: RiL Editores, 2012.

JEU, Bernard. *Análisis del deporte.* Bellaterra, Barcelona, 1988.

JUSSERAND, J. J. *Les sports et jeux d'exercice dans l'ancienne France.* Paris, Plon, 1901.

LUSCHEN, G.; WEIS, K. *Sociología del deporte.* Miñón, Valladolid, 1979.

MANDELL, Richard D. *Historia cultural del deporte.* Bellaterra, Barcelona, 1986.

MILLER, S.G. *Ancient Greek Athletics.* Yale University Press, New Haven i Londres, 2004.

PASTOR MUÑOZ, Mauricio; VILLENA PONSODA, Miguel; AGUILERA GONZÁLEZ, José Luis. [eds.] *Deporte y olimpismo en el mundo antiguo y moderno.* Editorial Universitaria de Granada (EUG), Granada, 2009.

POCIELLO, CH. *Sports et Société.* Vigot, París, 1981.

PUJADAS, Xavier. *Atletas y ciudadanos: historia social del deporte en España, 1870-2010.* Alianza, Madrid, 2011.

PUJADAS, Xavier; SANTACANA, Carles. *Història il·lustrada de l'esport català 1870-1931*. Columna i Diputació de Barcelona, Barcelona. 1994.

RICHARD D. MANDELL, *Historia cultural del deporte*. Ed. Bellaterra, 1986.

RODRÍGUEZ LÓPEZ, Juan. *Historia del deporte*. Inde Publicaciones, Madrid, 2012.

RUIZ DURÁN, Francisco J. *Ensayo sobre la historia del deporte en el mundo antiguo y moderno*. EAD, Alemania, 2014.

SALVADOR, José Luis. *El deporte en occidente. Historia, cultura y política*. Cátedra, Madrid, 2004.

SANTACANA, Carles [coord]. *L'esport a Catalunya. Nadala 2008*. Fundació Carulla, Barcelona, 2008.

SANTACANA, Carles. *Enciclopèdia de l'esport català*. Enciclopèdia Catalana, Barcelona, 2012.

VANHOVE, Doris [ed.] L*'esport a la Grècia antiga. La gènesi de l'Olimpisme*. Fundació La Caixa, Barcelona, 1992.

Articles

BETANCOR LEÓN, M.A.; VILANOU TORRANO, C. (1990) *Sobre l'origen de les activitats físiques i esportives*. Temps d'Educació 4, p. 11-27.

LAUDO I CASTILLO, Xavier (2007) *'Reflexos d'Apol·lo'. Educació i esport a la Mediterrània antiga*. Temps d'Educació, 32 1r semestre 2007. p. 297-307.

MEHL, Jean-Michel (1993) *Les jeux au royaume de France du XIIIe au XVIe siècles*. Paris, Fayard, 1990. «Jeux de paume parisiens » in Paris Historique, n°67, 2e semestre, PUF, 1993.

OLIVERA BETRÓN, Javier (1993) *Reflexions sobre l'origen de l'esport.* Apunts: Educació física i Esport (33) p. 12-33.

OSÚA QUINTANA, Jordi (2010) *Temps i Esport.* Ars Brevis: anuario de la Càtedra Ramon Llull Blanquerna, Núm. 16, p. 123-148.

SANTACANA, Carles (2014) *Esport, societat i identitat col·lectiva a la Catalunya contemporània.* Catalan Historical Review, 7, p. 159-168.

SANTACANA, Carles (2012) *Prensa, deporte y cultura de masas. El papel del periodismo especializado en la expansión social del deporte en Cataluña hasta la guerra civil (1890-1936).* Historia y comunicación social, 17, p. 141-157.

Pàgines web

AUMÜLLER, Johannes; HERRMANN, Boris; HOFMANN, René; KISTNER, Thomas: *Wie die Bundesrepublik jahrelang Doping förderte.* Süddeustsche Zeitung [03/08/2013] http://www.sueddeutsche.de/sport/bericht-der-humboldt-universitaet-berlin-wie-die-bundesrepublik-jahrelang-doping-foerderte-1.1737918. *Web consultada el 07/05/2018.*

BELLARIS, Andy: *El 'Baño Sangriento': cuando el waterpolo sirvió como rebelión.* Vice Sports [16/05/2016] https://sports.vice.com/es/article/ypy3k5/bano-sangriento-waterpolo-rebelion-hungria-urss-juegos-olimpicos-melbourne-1956. *Web consultada el 09/05/2018*

CASAS, Sònia: *L'origen dels Jocs Olímpics.* Revista Sàpiens [27/07/2012] http://www.sapiens.cat/epoca-historica/historia-contemporania/l-origen-dels-jocs-olimpics_12667_102.html. *Web consultada el: 25/04/2018.*

CORAZÓN RURAL, Alvaro: *Nadie quiere ser Nadia.* Revista Jot Down. [Juliol 2017] http://www.jotdown.es/2017/07/nadie-quiere-nadia/. *Web consultada el: 02/05/2018.*

FERRERO, Àngel: *L'esport, el cos i la transformació social.* Setmanari 'La Directa' [18/01/2018] https://directa.cat/lesport-cos-transformacio-social. *Web consultada el: 25/04/2018.*

La Revista de Blanquera URL: *Esport i política són indestriables.* http://publicacions.blanquerna.edu/larevista/esport-i-politica-son-indestriables. *Web consultada el: 26/04/2018 .*

JENNINGS, L.A.: Munera: los deportes de sangre en la antigua Roma. Vice Sports. [17/09/2016] https://sports.vice.com/es_mx/article/53xd9a/munera-los-deportes-de-sangre-en-la-antigua-roma. *Web consultada el: 26/04/2018.*

KEINON, Herb: *After 40 years, state releases Munich Papers.* Jerusalem Post. [29/12/2012] https://www.jpost.com/National-News/After-40-years-state-releases-Munich-papers. *Web consultada el: 14/05/2018.*

MARTÍN BRAVO, Rubén: Amor y desamor soviético al deporte olímpico. Relevo Magazine [12/01/2018] http://relevomagazine.com/amor-y-desamor-sovietico-al-deporte-olimpico-rusia-union-sovietica-russia-soviet-union-urss-ussr-cccp-juegos-olimpicos-olympic-games-coi-ioc/. *Web consultada el: 26/04/2018.*

MATA, Jordi: *El Tour, la premsa i l'afer Dreyfus.* Revista Sàpiens [05/07/2011] http://www.sapiens.cat/temes/actualitat/el-tour-la-premsa-i-l-afer-dreyfus_11255_102.html. *Web consultada el: 25/04/2018.*

MORENO C, Vicente: *Jacques-Louis David: El jurament del Joc de Pilota.* Revista Sàpiens [20/04/2013] http://blogs.sapiens.cat/socialsenxarxa/2013/04/20/jacques-louis-david-el-jurament-del-joc-de-pilota/. *Web consultada el 07/02/2021.*

OLYMPIC GAMES 1908 LONDON http://olympic-museum.de/o-reports/olympic-games-official-report-1908.php. *Web consultada el 07/02/2021.*

OLMOS MEDINA, Martín: *Impávido en medio del ring, como una estatua de mármol.* Bloc 'Escrito En Negro' [13/04/2015]: https://martinolmos.wordpress.com/2015/04/13/impavido-en-medio-del-ring-como-una-estatua-de-marmol-2/. *Web consultada el: 02/05/2018.*

RUIZ DURÁN, Francisco J. *Historia del deporte: del mundo antiguo a la edad moderna.* Revista: CCCSS Contribuciones a las Ciencias Sociales [2015] http://www.eumed.net/rev/cccss/2015/01/deporte.html. *Web consultada el: 26/04/2018.*

SENAT https://www.senat.fr/evenement/archives/D41/paume.html. *Web consultada el 07/02/2021.*

Films

El milagro de Berna (2003). Alemanya. Dir: Sönke Wortmann.

El reverso de la medalla (2013). França. Dir: Xavier Deleu, Yonathan Kellerman https://www.documaniatv.com/deporte/el-reverso-de-la-medalla-video_72102fb03.html

El Dopaje en la RDA (2012). Informe Robinson. Movistar Plus. Espanya https://www.youtube.com/watch?v=OZ1unwiAOkw

Freedom's Fury (2006). EUA. Guió: Colin Keith Gray | Kristine Lacey, Thor Halvorssen, Quentin Tarantino.

Nadia Comaneci, la gimnasta y el dictador (2016). Guió: Pola Rapaport. Roche Productions / ARTE / TVR Romania https://www.documaniatv.com/biografias/nadia-comaneci-la-gimnasta-y-el-dictador-video_f4a4ecbba.html

Sobre els autors

Cèsar Sànchez Garcia

Terrassa, 1972 tot i que viu a Sabadell.

Llicenciat en Història per la Universitat de Barcelona, especialitzat en antropologia. Treballa de Tècnic d'orientació laboral, àmbit en què s'ha especialitzat com a tècnic de formació. En l'àmbit de la difusió històrica és impulsor i webmaster dels webs historiesdeuropa.cat i elprincipat.cat. Com a arqueòleg, he participat de diversos projectes d'excavacions i recerca històrica amb Dracma Arqueologia SCCL. Ha publicat articles a diversos mitjans com AbOrigine, La Fosbury o l'Europeu.cat, el Principat o l'IFPH-FIHP. És soci de l'ANC, i ha estat membre de l'Executiva Nacional de Plataforma per la Llengua. És una persona inquieta pel que fa a l'associacionisme i l'activisme cultural. Actualment presideix l'Associació Històries d'Europa dedicada a la divulgació històrica.

És autor del llibre *Història de Catalunya* (2021) i coautor dels llibres *Històries de l'Esport* (2018) i *Mentides de la Història* (2019), publicats tots tres per l'editorial Omniabooks. També ha participat com a coautor del llibre *Pseudohistòria contra Catalunya* (Ed. Eumo, 2020).

Eugeni Junyent i Carreras

Sabadell, 1970.

Llicenciat en Història per la Universitat Autònoma de Barcelona. Arqueòleg, delineant i tècnic informàtic, veig en la fotografia un camp de gran interès patrimonial i estètic. Col·laborador a la secció d'arqueologia del Museu Arxiu de Vilassar de Dalt, i responsable de l'àrea tècnica de l'empresa Dracma Arqueologia SCCL entre els anys 2004 i 2009. Ha rebut formació en camps complementaris de l'arqueologia com la numismàtica antiga o l'egiptologia. Ha dirigit intervencions arqueològiques i col·laborat en estudis planimètrics i fotogràfics tant de jaciments arqueològics com d'elements patrimonials, així com d'edició gràfica de material de difusió, reportatges fotogràfics, creació i maquetació de CD-Rom interactius i restitucions tridimensionals de jaciments arqueològics. Coautor de *El vapor Buxeda Nou* (Sabadell). *Vapor i vaporistes* (Quaderns d'Arqueologia del Museu d'Història de Sabadell) i *La força del vapor a l'Eixampla de Sabadell. Empreses i entorn.* Aquest darrer, en format CD-Rom interactiu.

És coautor dels llibres *Històries de l'Esport* (2018) i *Mentides de la Història* (2019), publicats tots tres per l'editorial Omniabooks.

Jordi Bonvehí i Castanyer

Manresa, 1984.

Llicenciat en Història per la Universitat de Barcelona. Màster en curs sobre professorat en l'especialitat d'Història i Geografia. Documentalista a l'editorial Efadós i arxiver temporal al Montepio de Conductors Sant Cristòfol de Manresa i Berga. Guia oficial a Manresa Turisme. Creador del bloc d'història local Històries Manresanes, premi al millor bloc cultural als Premis Bloc Catalunya 2011. Vocal de la junta del Centre d'Estudis del Bages. Membre fundador del portal de vídeos d'història i patrimoni en llengua catalana HistoTube. Col·laborador de l'Associació Memòria i Història de Manresa. Coautor del llibre *L'Espai Ateneu. Història de la Societat Ateneu i la Biblioteca Salvador Vives Casajuana* (2015) i de *L'Abans de Manresa. Recull gràfic 1960-1990* (2020). Des del novembre del 2015 fins a l'octubre del 2016 coordinador del projecte d'investigació Els viatgers a Manresa del Centre d'Estudis del Bages i present als Premis Recercat de Cultura 2017 de l'Institut Ramon Muntaner. També va col·laborar al projecte del Centre d'Estudis del Bages Apugem la Persiana (2018-2020), amb l'objectiu de recuperar la història oral dels antics comerços tancats de la ciutat de Manresa.

És coautor dels llibres *Històries de l'Esport* (2018) i *Mentides de la Història* (2019), publicats tots tres per l'editorial Omniabooks.